The Parrot Knew Everything – Der Papagei wusste alles

von Dagmar Puchalla

Langenscheidt

Berlin · Madrid · München · Warschau · Wien · Zürich

Lektorat: Barbara Müller
Englischsprachiges Lektorat: Charlotte Collins
Illustrationen: Anette Kannenberg
Umschlaggestaltung: init.büro für gestaltung, Bielefeld

Thank you an meine Tochter Katharina, die mir eine wunderbare erste Lektorin war!

www.krimis-fuer-kids.de
www.langenscheidt.de

Satz: kaltner verlagsmedien GmbH, Bobingen
Druck und Bindung: Stürtz GmbH, Würzburg

ISBN 978-3-468-20829-4

12011

Inhalt

Welcome to Wales 5
Fantastic Neighbourhood 17
Nächtliche Beobachtungen 29
Further Clues 41
Der sprechende Papagei 52
Country Roads 61
Strangers in the Night 71
When the Wind Blows 79
Gone With the Wind 90
News in the Paper 95
Granny's Dream 105
The Parrot Knew Everything 113
The End and a New Beginning 124

Welcome to Wales

Ach du liebe Güte, war das heiß!
Patsy schlug hochsommerliche Hitze entgegen, als sie das Flughafengebäude verließ. Ihr Cousin Hey Jay, den sie vor wenigen Wochen noch total bescheuert gefunden hatte, hielt ihr die Ausgangstür auf.
"**That**'s what I **call** a **real** gentleman", kicherte **Granny**, die Großmutter der beiden, und schlüpfte hinter Patsy hinaus. Granny war die Mutter von Patsys Vater und Hey Jays Mutter. Sie stammte wie Hey Jay aus Wales. Die letzten Wochen hatte sie Patsys Familie in Deutschland besucht und Hey Jay war als Begleitung mitgekommen.
Und jetzt machte Patsy ihren Gegenbesuch. Sie befanden sich auf dem Flughafen in Stansted, fünfzig Kilometer nördlich von London, und waren auf ihrem Weg nach Wales.
Natürlich war Patsy nicht ohne ihre Bande geflogen. Jola, Ali und Lina waren mitgekommen. Auch Linas Mutter Angelika und deren Freund Peter gehörten zur Reisegesellschaft. Sie organisierten gerade zwei

---

welcome willkommen
that das
call nenne
real echten
Granny Oma

Mietwagen, mit denen sie alle zusammen nach Cardiff fahren wollten, in die Hauptstadt von Wales.
Jola hatte sich im Flugzeug schon mit Chips vollgestopft, alle anderen hatten gnädig die kleinen Tütchen aus den Händen der Stewardess direkt an sie weitergereicht. "**These** crisps taste very good", hatte Jola mit vollem Mund gesagt.
Lina fummelte an ihrem Zopf herum. Das war typisch für sie. "It's **too** hot!" Ihr war wahnsinnig heiß. Das war auch kein Wunder, denn vor dem Flughafengebäude knallte ihnen die Sonne nur so aufs Hirn.
Ali tauschte sich gerade mit Hey Jay über den Unterschied zwischen Fußball und **American football** aus. Dabei standen sie geschützt unter Hey Jays Sonnenschirm. Den hatte Hey Jay immer dabei, denn er vertrug die Sonnenstrahlen nicht.
"**Well**, in American English the word **soccer means** what we call football. And football is **really** something **else** in America", klärte Hey Jay gerade Ali auf.

---

these diese
too zu
American football Football
well also
soccer Fußball
means bedeutet
really wirklich
(something) else (etwas) anders

"Yes, I know that", gab der zurück. "It looks **completely different**. It's **not like** *playing* with the ball **at all**. **More** like ***fighting*** for the ball."
"Yes, it's a very aggressive sport. That's why they wear **helmets** and **even padding** on their bodies."
Patsy, die in derselben Fußballmannschaft trainierte wie ihr Freund Ali, mischte sich ein: "I don't like American football, yuck!" Sie schüttelte ihre wilde Lockenpracht.
"Well, it's **a lot** like rugby, which is very **popular** in Wales", berichtete Hey Jay.
"Rugby? What's rugby?", erkundigte sich Jola.
"Rugby is a **mixture** of football and handball. But the **players** really fight for the ball **by kicking and hitting** the **other** players", klärte Hey Jay sie auf.

---

completely absolut
different anders
like wie
not at all überhaupt nicht
more mehr
fighting kämpfen
helmets Helme
even sogar
padding Polsterung
a lot sehr
popular beliebt
mixture Mischung
players Spieler
by kicking and hitting indem sie treten und schlagen
other anderen

"The rugby ball, **by the way**, looks like an egg. A **huge** egg", fügte Patsy feixend hinzu.
"Rugby is a very **strange** name. **Where does it come from?**", wunderte sich Lina.
"It's the name of a town in England. **Once some** pupils in the town of Rugby were playing football and one of **them just took** the ball in his hands. That's how rugby **was born**. **At least**, that's what people say. You **must** come and watch a game of rugby. We've got the Millennium **Stadium** in Cardiff. It's **exciting** to watch, **even if you don't like** that **kind** of sport!"
Hey Jay schaute erwartungsvoll in die Runde. Aber

by the way übrigens
huge riesiges
strange seltsamer
Where does it come from? Woher kommt er?
once einmal
some ein paar
them ihnen
just einfach
took hat genommen
was born geboren wurde
at least wenigstens
must musst
stadium Stadion
exciting aufregend
even if selbst wenn
you don't like du nicht magst
kind Art

außer Ali schien sich niemand für seinen Vorschlag begeistern zu können.
"But **the Welsh** don't just like fighting for rugby balls. We love music, too, **especially choirs**!", schwärmte Granny.
Die Undercover Kids (das war der Bandenname von Ali, Jola, Patsy, Hey Jay und Lina) verzogen ihre Gesichter zu Grimassen. "Choirs? Well, Granny, I'm not **sure** …", grinste Patsy ihrer Oma zu.
Aber jetzt fuhr endlich ein Auto hupend vor. Und wenige Augenblicke später parkte ein zweiter Wagen direkt dahinter. Aus dem ersten stieg Linas Mutter Angelika. Sie hatte sich vorgenommen, Fotos von Wales für ein Buch zu machen. Den Text dazu würde ihr Freund Peter schreiben. Er war der Fahrer des zweiten Autos.
"How long will it **take to get there**?", fragte Patsy Hey Jay stöhnend. "**I'm sweating**, and I'm tired and **thirsty**, and hungry too. **I don't feel like** sitting in a car for hours. Really I don't."

---

the Welsh die Waliser(innen)
especially besonders
choirs Chormusik
sure sicher
take dauern
to get there um dorthin zu kommen
I'm sweating ich schwitze
thirsty durstig
I don't feel like ich habe keine Lust

"Well, you can sleep in the car if you like. The **drive** will take **about** three hours, **depending on** the traffic."

Hey Jay begann plötzlich lautstark zu singen. "**Country roads**, **take me home** – to the **place** where I **belong** …" Und die anderen grölten mit, soweit sie konnten. Dabei verteilten sie das Gepäck auf die beiden Autos.

"Who's coming in my car?", trällerte Linas Mutter.

"Well, I **trust** women more **than** men **when it comes to driving**." Augenzwinkernd setzte sich Granny auf den Beifahrersitz des ersten Autos.

"**All right**, and I'm going with Granny." Mit diesen Worten kletterte Patsy auf den Rücksitz. Jola folgte ihr und machte es sich im Auto gemütlich. Lina wollte bei Peter mitfahren, auf dem Beifahrersitz,

---

drive Fahrt
about ungefähr
depending on abhängig von
country roads Landstraßen
take me home bringt mich nach Hause
place Platz
belong hingehöre
trust vertraue
than als
when it comes to driving wenn es ums Fahren geht
all right in Ordnung

weil ihr auf dem Rücksitz beim Fahren immer schlecht wurde.
"We men **have to stick together**", frotzelte Ali und zog Hey Jay mit sich zum zweiten Auto, neben dem Peter stand und auf dem Wagendach eine Straßenkarte ausgebreitet hatte.
"Fine, but can you **show** me the **way** to your parents' house in Cardiff?", fragte er Hey Jay etwas hilflos.
"Patsy, can I **borrow** your iPod, please?", bat Lina. "**I mean**, just **in case** they **keep talking** about football and rugby."
"Sure!" Patsy überreichte ihr das Gerät. "I **hope** they don't **go on about it too much**!"
"**No** problem. **See you later.**" Lina winkte ihren Freundinnen zu und verschwand im zweiten Auto.
Als sie sich auf den Beifahrersitz setzen wollte, gig-

---

have to müssen
stick together zusammenhalten
show zeigen
way Weg
borrow ausleihen
I mean ich meine
in case für den Fall
keep talking reden weiter
hope hoffe
go on about it unaufhörlich darüber reden
too much zu viel
no kein
See you later. Bis später.

gelten die beiden Jungen, die sich hinten schon ausgebreitet hatten. "Do you want to drive us to Wales, Lina?"
Lina hatte natürlich jetzt auch das Steuerrad bemerkt und kräuselte ihre Stupsnase. "Oops. We're in Britain, I **forgot**!" Und dann flitzte sie zur anderen Seite des Wagens.
"I hope we **won't** have any problems driving on the **left-hand side** of the road", seufzte Peter, als er sich schließlich hinter das Steuer auf den Sitz gleiten ließ.

Angelika und die anderen waren bereits startklar und rollten langsam los.

"All right, let's go. **Have we got enough** sandwiches?", wollte Peter noch wissen, bevor er den Motor startete.
"Oh no! Granny's got them **all**!", rief Hey Jay und riss die Tür auf.
Er kam mit einer prall gefüllten Tüte voller Leckereien zurück, die Granny auf dem Flughafen besorgt hatte.
"Mm, yummy! Sandwiches with all sorts of **fillings**:

---

forgot habe vergessen
won't werden nicht
left-hand side linke Seite
Have we got ...? Haben wir ...?
enough genug
all alle
fillings Belag

cheese, **bacon**, **tuna** salad, egg salad, tomatoes, **cucumber**. Then we have some **scones**, muffins, and chocolate. Is **anyone** thirsty? We've got some **fantastic** fruit juices, orange, lemon, banana, apple, **as well as** mineral water …" Hey Jay lehnte sich zurück und seufzte. "I really can't **decide what to start with**."
"I'd like some fruit juice, please", bat Peter und fuhr dann endlich los. Er überholte Angelika und wie verabredet folgte sie ihm.

Sie fuhren bestimmt schon eine halbe Stunde. Jola und Patsy schauten verträumt aus den Fenstern.
"Why is Wales a **country within** a country?", wunderte sich Jola. "I mean, Wales in Great Britain?"
"Well, **there's Scotland** too, and England. The

---

bacon Frühstücksspeck
tuna Thunfisch
cucumber Gurke
scones *kleine süße Brötchen mit oder ohne Rosinen, werden in England oft mit Marmelade zum Tee gegessen*
anyone irgendjemand
fantastic fantastisch
as well as als auch
decide (mich) entscheiden
what to start with womit ich anfangen soll
country Land
within innerhalb
there's es gibt
Scotland Schottland

name for all of them **together** is Great Britain – that's the name of this island", erklärte Granny mit vollem Mund. "And if we **include Northern Ireland** it's the **United Kingdom**."
Jola schaute etwas verzweifelt zu Patsy. Die kümmerte sich aber nicht weiter darum, denn sie aß gerade Schokolade, genau wie Granny. "Mm, **I've** really **missed** English chocolate. It's fantastic!"
"Is it like, um, **Bavaria for instance** being **part** of Germany?", fragte Jola stirnrunzelnd nach.
"No", schmatzte Granny. "Bavaria isn't a country, it's a **federal state**. Britain doesn't have **states**, but it does have smaller **administrative regions** called **counties**. In Wales we have counties like Powys, Gwent, or Glamorgan ..."
"**Those** names **sound** as if they've come **straight**

together zusammen
include einbeziehen
Northern Ireland Nordirland
United Kingdom Vereinigte Königreich
have missed habe vermisst
Bavaria Bayern
for instance zum Beispiel
part Teil
federal state Bundesland
states *hier:* Länder
administrative regions Verwaltungsbezirke
counties Grafschaften
those diese
sound klingen

out of the story of **King Arthur and the Knights of the Round Table**", seufzte Patsy müde. "But I think **I need to** sleep for **a bit**. No history or geography lessons for me."
Dann schlief Patsy ein. Sie träumte, dass sie auf verschlungenen Pfaden durch Großbritannien wanderte, vorbei an Flüssen und Seen. Irgendwo am Horizont galoppierte ein Ritter, hoch zu Ross, aber er kümmerte sich nicht um sie. Es roch so herrlich in ihrem Traum, nach Orange …
Plötzlich rief Granny: "**Watch out**, Angelika!"
Das Auto schlingerte wild von einer Seite auf die andere. Patsy riss die Augen auf. Angelika war auf die falsche Spur geraten und ein Auto kam ihr entgegen. Sie schaffte es gerade noch, auszuweichen.
"Where's Peter, **for heaven's sake**? I ca**n't** see him **anywhere**!", schimpfte Angelika aufgeregt und blickte in den Rückspiegel, um sich zu vergewissern, dass mit den Mädels alles in Ordnung war.
Jola hielt sich am Vordersitz fest und sah Patsy ziem-

---

straight out of direkt aus
King Arthur and the Knights of the Round Table
König Artus und die Ritter der Tafelrunde
I need to ich muss
a bit ein bisschen
Watch out! Pass auf!
for heaven's sake um Himmels willen
not anywhere nirgendwo

lich erschrocken an. Die zuckte aber nur mit den Schultern und fischte sich ebenfalls ein Fläschchen Saft aus der Tüte. Es war doch alles gut gegangen.
Angelika war sichtlich nervös und fuhr schneller.
Granny legte ihre Hand beruhigend auf Angelikas Oberschenkel. "**I didn't want to embarrass** you, **dear**. I just **thought** that you **were** too **busy** looking at the countryside. But **don't worry**, Peter will wait for us **when he realizes** that we're **not close** behind him **any more**."
Angelika nickte und entspannte sich sichtlich, und Patsy sah in der Ferne auch schon das rote Auto, in dem Peter mit den anderen saß. "Look, isn't that Peter?" Sie zeigte an Angelika vorbei in Fahrtrichtung.
Linas Mutter seufzte erleichtert. "Oh yes. Well, I **promise** that **won't happen** again."

I didn't want to ich wollte nicht
embarrass in Verlegenheit bringen
dear (meine) Liebe
thought habe gedacht
were warst
busy beschäftigt
don't worry mach dir keine Sorgen
when he realizes wenn er erkennt
close nah
not any more nicht mehr
promise verspreche
won't happen wird nicht passieren

Fantastic Neighbourhood

Und es passierte wirklich nichts mehr. Sie fuhren und fuhren und die meiste Zeit dösten alle vor sich hin, abgesehen von den Fahrern natürlich.
Dann tauchte ein Schild am Straßenrand auf. Und plötzlich redeten im einen Auto Hey Jay und im anderen Auto Granny in einer völlig seltsamen Sprache. "Croeso i Cymru!", sagten sie, ohne dass sie vom anderen wussten. Natürlich übersetzten beide gerne das, was auf diesem Straßenschild stand: "Welcome to Wales!"
"Wow, is that something like **Latin**?", fragte Lina im Männerauto.
"What kind of dialect is that?", wollte Jola im Frauenauto wissen.
"That is **Welsh**, one of the oldest **European** languages", erklärte man ihnen.
"I wo**n't** understand **anybody** in Wales", flüsterte Jola entsetzt. "But in Cardiff **everybody** speaks English, **don't they?**"

---

neighbourhood Nachbarschaft
Latin Latein
Welsh Walisisch
European europäischen
not anybody niemanden
everybody alle
..., don't they? ..., nicht wahr?

Granny drehte sich um. "Yes. Cardiff is our **capital**. It's a big **city**; you'll **mainly** hear English. But pupils in Wales have to learn Welsh. We're very **proud** of our **Celtic roots**. But everybody speaks English too, you'll see."

Von jetzt an war jedes Straßenschild zweisprachig, und überall tauchte ein roter Drache auf, das Wahrzeichen von Wales.
Irgendwann waren sie endlich in Cardiff angelangt. Hier schimpfte und fluchte Angelika wie ein Rohrspatz, aber immer auf Deutsch, vermutlich wollte sie Granny nicht zu nahe treten – oder sie wusste nicht genügend Schimpfwörter auf Englisch. Ständig wollte sie auf der falschen Seite fahren, oder sie wusste nicht, ob rechts vor links oder links vor rechts, und so weiter. So waren alle unsagbar erleichtert, als das Auto hinter Peters Wagen zum Stehen kam.
"Are we at Hey Jay's parents' now?", fragte Jola voller Hoffnung.
"Yes, we**'ve arrived**", freute sich Granny.

---

capital Hauptstadt
city Stadt
mainly hauptsächlich
proud stolz
Celtic keltisch
roots Wurzeln
have arrived sind angekommen

Da öffnete sich auch schon die Tür eines Reihenhäuschens und eine schlanke Frau kam ihnen freudestrahlend entgegengelaufen. Das musste Mrs Fitzgerald sein, Hey Jays Mutter und die Tante von Patsy. Hinter ihr tauchte ein Pfeife rauchender Mann auf, vermutlich Mr Fitzgerald. Auch er war schlank, hatte rotblonde Haare und sah auf seltsame Art Hey Jay ziemlich ähnlich.

Alle waren mittlerweile aus den Autos gestiegen und Mrs Fitzgerald drückte ihren Sohn an sich. Der wurde doch glatt rot und wandte sich elegant aus ihrer Umarmung. Patsy musste grinsen, sie hatte noch nie erlebt, dass Hey Jay errötete!

"Hi, Mum", sagte der gerade. "Good to see you."

"Oh, Henry, I'm so **glad** you're **back again**, I missed you so much. **You're looking well**", redete seine Mutter drauflos, ohne die anderen zu beachten.

Henry! Patsy hatte schon fast vergessen, dass ihr Cousin gar nicht Hey Jay hieß, sondern dass das der Name war, den sie und ihre Bande ihm gegeben hatten, weil "Henry James" ihnen zu lang gewesen war. "Henry" passte auch irgendwie gar nicht zu ihm.

Granny kicherte und bekrabbelte ihre Tochter. "Margery, Margery, you have to realize that your son is not a baby any more. And by the way, you'll have

---

glad froh
back again wieder zurück
You're looking well. Du siehst gut aus.

to **get used to another** name. He's called Hey Jay now!"

"Hey Jay?", wunderte sich Mrs Fitzgerald und schaute ihn fragend an.

Hey Jay nickte. "I'm Hey Jay now, that's short for Henry James. Patsy **gave** me the **nickname**. And these are my friends."

Erst jetzt sah seine Mutter sich um und nahm all die anderen wahr, die geduldig die Begrüßungszeremonie abgewartet hatten.

"Patsy, you look so different from when I **saw** you **last**!" Mit diesen Worten drückte Mrs Fitzgerald ihre Nichte an sich. Hey Jay stellte Lina, Jola und Ali der Reihe nach vor. Dann schüttelten die Erwachsenen sich die Hände.

Plötzlich wurde im Haus gegenüber ein Fenster aufgerissen und ein Mann schimpfte zu ihnen hinüber.

Jola schaute erschrocken zu Patsy, weil sie nichts von dem verstand, was er sagte. Aber auch die verstand nicht viel, obwohl sie zweisprachig aufgewachsen war. "I suppose he's angry about us being so loud", vermutete sie achselzuckend.

---

get used to ... (dich) an ... gewöhnen
another einen anderen
gave hat gegeben
nickname Spitzname
saw habe gesehen
last das letzte Mal

Mr Fitzgerald antwortete dem Mann freundlich. "*Prönhaun da*", sagte er zunächst auf Walisisch. "The cars will be **gone soon** and we'll be going inside in a minute, Mr Owens. Our son has **just** arrived from ..." Weiter kam er nicht, denn dieser Mr Owens hatte mitten im Satz das Fenster schon wieder zugeknallt.

Jola sah ziemlich eingeschüchtert aus. "Are all people here like him?", erkundigte sie sich bei Hey Jay.

"No. Only him. Welsh people **almost never behave** like this. He isn't really a person **you want to annoy**", erwiderte der.

"I'm sure he's not as **fierce** as he **seems**", meinte Patsy, allerdings eher um Jola zu beruhigen.

Hey Jay nickte. "He doesn't really want to talk to anybody **anyway**. So we wo**n't** have **anything** to do with him."

Jola hakte sich bei Patsy ein, als sie ins Haus gingen.

---

gone weg
soon bald
just gerade
almost fast
never nie
behave benehmen sich
you want to annoy den man verärgern möchte
fierce grimmig
seems scheint
anyway sowieso
not anything nichts

“Patsy, ich hab Schiss, ich werde kein Wort verstehen.”
“Ach, Quatsch. Du hast doch uns! Wird schon nicht so schlimm werden.”
Jola nickte, aber beruhigt war sie keineswegs. Sie schaute zurück zu dem gegenüberliegenden Haus von Mr Owens. Er spähte durch einen Spalt zwischen den Gardinen zu ihnen herüber. Sie wollte gerade wegsehen, da erblickte sie an einem anderen offen stehenden Fenster einen großen Käfig mit einem Papageien darin. Der Vogel schien sich zu sonnen.
“Guck mal, Patsy, ist der nicht toll?”
Patsy drehte sich um und sah nur Mr Owens. “Toll? Was is ’n an dem jetzt auf einmal toll?”, wunderte sie sich.
“Ich meine den da”, flüsterte Jola und nun erblickte auch Patsy den großen roten Vogel.
“Wow! That’s a nice bird. **I wonder whether** he can talk?”
“Do you think he can?”
“We’ll **find out**, I promise!”
Das war typisch Patsy.
Sie wollte alles herausfinden.
Eine echte Detektivin eben.

I wonder ich frage mich
whether ob
find out es herausfinden

Eine Stunde später waren Peter und Angelika zu einer Pension ganz in der Nähe aufgebrochen. Lina, Jola, Ali, Hey Jay und Patsy winkten ihnen von Hey Jays Zimmer aus nach. Sie sahen von dort oben aus direkt auf das Fenster von Mr Owens' Haus, in dem der Papagei in seinem riesigen Käfig hockte.
"His name is Sergeant Pepper. My mum says he must be very old by now", erläuterte Hey Jay.
"How old is old for a parrot?", erkundigte sich Patsy bei Lina, der Tierspezialistin.
"They **normally** live in **South America** and they can live **until** they're very old, like a **hundred**!", erklärte die bewundernd. "I love parrots, they're very intelligent. Maybe that's why people love to keep them. There are more than three hundred different kinds of parrots. But I don't like to see them in cages. They **should** fly and live **free**!"
Ali schaute seine Freundin Lina nachdenklich von der Seite an. "Is that the **reason** why you don't have any birds as pets?"
Lina nickte. "Sometimes I hate people. They keep

---

normally normalerweise
South America Südamerika
until bis
hundred hundert
should sollten
free frei
reason Grund

animals in cages and they **kill** them, even if it's not **necessary**." Sie dachte einen Augenblick nach. "Just **imagine**", fuhr sie fort, "... just imagine you can't walk any more. That's how birds must feel when **they're not allowed** to fly free. But I'd love to have a parrot because you can **teach** them to talk."
Schweigend beobachteten alle eine Weile Sergeant Pepper. Dann löste Patsy die Versammlung auf.
"Can we go for a walk? My body **already** feels **kind of rusty**", schlug sie vor und machte laute Quietschgeräusche bei jeder ihrer Bewegungen.
Sie rannten aus Hey Jays Zimmer, in dem die Mädchen wohnen sollten, am Gästezimmer vorbei, in welchem die Jungen kampierten, die Treppe hinunter und aus dem Haus hinaus. Granny rief hinter ihnen her: "Going for a walk?"
"Yes! Want to come with us?", brüllten sie zurück, denn Granny war normalerweise immer für Spaziergänge zu haben, aber jetzt hatte sie keine Lust. Es war ihr zu heiß.

---

kill töten
necessary notwendig
imagine stell dir vor
they're not allowed sie dürfen nicht
teach beibringen
already schon
kind of irgendwie
rusty rostig

Die Undercover Kids liefen durch die Straßen von Cardiff: vorbei am Nationalmuseum, am Rathaus, durch die North Road, die Duke Street und vorbei an einem mittelalterlich anmutenden Schloss.
“I really must show you the Millennium Stadium!”, versuchte Hey Jay die anderen zu überreden.
“Why now? Why do we have to see **everything** on our first day? I only wanted to **wander around**!”, bremste ihn Patsy.
Also spazierten sie noch eine Weile ziellos in der Stadt umher, setzten sich in einen Park und tranken Limonade. Erst zum Abendessen kehrten sie zu Hey Jays Elternhaus zurück. Sie waren noch nicht an der Tür, da kam Mr Owens aus seinem Haus herausgeschossen, geradeso als hätte er auf sie gewartet.
“Are you going to live here **permanently**? Are you always going to make so much **noise**? If you're too loud, I'll call the **police**, I **warn** you. And don't you **ever dare** to come **near my house**, do you hear me?”

---

everything alles
wander around herumschlendern
permanently für immer
noise Lärm
police Polizei
warn warne
ever je
dare wagen
near my house in die Nähe meines Hauses

Die Undercover Kids waren einen Augenblick wie erstarrt, sie hatten doch gar nichts gemacht. "Seems we've annoyed him again", flüsterte Patsy.
Hey Jay ging schließlich auf den Mann zu, der sehr verbittert aussah.
"Don't you dare come any closer!", kreischte Mr Owens.
Hey Jay hielt brav an und sagte ruhig: "Don't worry, Mr Owens, we'll be quiet, you can relax."
"Relax?", brüllte der zurück. "You're telling me to relax? You are a **stupid little** boy and you dare to tell me to relax!"
"Let's go", raunte Hey Jay den anderen zu und lächelte den aufgeregten Nachbarn freundlich an. "Bye, Mr Owens, and have a nice evening. *Nos da*!"

"Wow, how can you stay so **calm** and friendly?", wunderte sich Ali, als sie in der Küche saßen und literweise Wasser in sich hineinschütteten. Es war immer noch heiß, obwohl es schon spät geworden war. "What does 'nos da' mean, by the way?", fragte er weiter.
"*Nos da* is Welsh for 'good night'", erklärte Hey Jay. Seine Eltern saßen mit Granny in dem kleinen Gar-

---

stupid dummer
little kleiner
calm ruhig

ten, der sich wie ein Handtuch hinter dem Haus erstreckte. Sie wunderten sich überhaupt nicht, als sie von der Begegnung mit dem Nachbarn hörten.
“Mr Owens is a very **lonely** man, you know. His wife **disappeared a couple of years ago** and **ever since then** he **hasn't let** anybody near him **except** his son”, erklärte Mrs Fitzgerald.
“Poor Mr Owens”, meinte Lina mitfühlend.
“I don't think that gives him the **right** to **shout** at people **the way** he does”, beschwerte sich Ali. Es schien ihm nicht gerecht zu sein, dass jemand, der etwas Schlimmes erlebt hatte, seine schlechte Laune nun jahrelang an wildfremden, unschuldigen Menschen ausließ. “We didn't **kidnap** his wife, did we?”
“**You're right**, Ali”, bestätigte Mr Fitzgerald. “That doesn't really **excuse** his bad **manners**. But we have

---

lonely einsamer
disappeared ist verschwunden
a couple of years ago vor ein paar Jahren
ever since then seitdem
hasn't let hat nicht zugelassen
except außer
right Recht
shout schreien
the way wie
kidnap entführen
you're right du hast Recht
excuse entschuldigen
manners Manieren

to live with him. So it's better for us just to stay **polite** and **mind our own business**."

Jola lächelte Mr Fitzgerald an. Toll, dass er eine so wunderbar saubere Aussprache hatte. Sie hatte es vor den anderen nicht zugeben wollen, aber die meisten Leute, denen sie begegnet waren, hatte sie kaum verstanden, auch wenn sie nicht walisisch, sondern englisch geredet hatten. Das war eben doch etwas ganz anderes als das Englisch in der Schule.

Jola seufzte. Es duftete so gut hier, nach Blumen und Kräutern. Ob Sergeant Pepper, der Papagei von Mr Owens, immer noch in seinem Käfig am Fenster stand?

"What happened to Mrs Owens?" Patsy ließ natürlich nicht locker.

"**Nobody** knows. When we **moved in** here she **was** already gone. So we never **met** her."

"That **definitely** is **mysterious**", murmelte Patsy und es klang so, als wolle sie sich noch in der Nacht auf die Socken machen, um das Rätsel um Mrs Owens' Verschwinden zu lösen.

---

polite höflich
mind our own business uns um unseren eigenen Kram kümmern
nobody keiner
moved in sind eingezogen
was war
met *hier:* kennengelernt
definitely definitiv
mysterious mysteriös

Nächtliche Beobachtungen

Bald darauf fielen sie alle schlaftrunken auf ihre Matratzen, selbst Patsy. Das Fenster blieb weit offen stehen und es wehte ein kleines, kaum spürbares Windchen herein. Bald waren alle eingeschlafen, alle außer Jola. Sie hatte Angst vor diesem Mr Owens und sie fühlte sich unglaublich fremd hier in dieser Stadt. Natürlich war ihre Bande bei ihr, aber trotzdem war da dieses unangenehme Gefühl in ihrem Bauch. Sie sehnte sich nach ihrer Mutter, die jetzt vermutlich bei Kerzenlicht auf ihrem kleinen Balkon saß und grünen Tee trank.

Jola wurde in ihren Gedanken unterbrochen, als vor dem Haus ein Auto hielt und Türen klappten. Sie kroch aus ihrem Bett und schaute durch die leicht flatternde durchsichtige Gardine. Ein großes schwarzes Auto parkte vor Mr Owens Haus und drei Männer stiegen aus. Sie öffneten den Kofferraum, hievten eine offenbar schwere Kiste heraus und stellten sie kurz vor dem Gartentor ab. Das Türchen machte keinen Laut, als sie es öffneten. Sie schleppten die Kiste bis zur Haustür und dann zog einer von ihnen einen Schlüssel aus der Tasche und wollte aufschließen. Jola hörte ihn fluchen, das war eindeutig am Klang seiner Stimme zu erkennen.

Kurz darauf waren die Männer im Haus verschwunden.

Jolas Blick wanderte zu dem Fenster, wo nachmittags Sergeant Pepper in seinem Käfig gesessen hatte. Das Fenster war nun verschlossen, sie konnte im Dunkeln nicht ausmachen, ob der Käfig noch dahinterstand.
Jetzt sah sie, wie ein Licht im Keller aufflackerte. Allerdings blieb es nicht lange an, wenige Minuten später lag alles wieder im Dunkeln und die Männer kamen leise aus dem Haus geschlichen, stiegen in den Wagen und fuhren ab. Dann war alles wieder still.
Noch lange blieb Jola am Fenster stehen, schaute hinaus und beobachtete die Sterne am Himmel. Schließlich, als sie sich hinlegte, fiel sie in einen tiefen Schlaf.

"I'll **try** to tell you in English", begann Jola am nächsten Morgen ihren Bericht, als alle zusammengedrängt auf der kleinen Terrasse beim Frühstück saßen. "In the night three men **came** to Mr Owens' house and **took** a heavy ... um, was heißt Kiste?"
"Box", übersetzte Patsy, die neugierig an ihren Lippen hing.
"… took a heavy box down to the cellar of Mr Owens' house."

---

try versuchen
came sind gekommen
took haben genommen

"How do you know they **went** into the cellar?"
"Because the **only light** that they **switched on** in the house was the one in the cellar. And then they **left** again."
"And they didn't take anything out of the house?", fragte Granny besorgt.
"No. I don't think so." Jola schüttelte den Kopf. "They only **brought** this box."
"Maybe it was Mr Owens' son?", vermutete Mr Fitzgerald mit bedeutungsvollem Seitenblick zu seiner Frau. "He's not a son I'd like to have, because he seems to be **rather unfriendly** to his father. And he **hardly ever visits** him. When he does he never stays very long."
Seine Frau nickte bestätigend. "One day when **young** Mr Owens left I saw his father watching him go. I had the **impression** that Mr Owens was scared of him."

---

went sind gegangen
only einzige
light Licht
switched on angeschaltet haben
left sind gegangen
brought haben gebracht
rather ziemlich
unfriendly unfreundlich
hardly ever fast nie
visits besucht
young junge
impression Eindruck

"Scared of his own son?", wunderte sich Ali.

"Well, there are some very strange people on this planet", erwiderte Granny, die immer nur Fetzen ihres Gesprächs aufschnappte. Unermüdlich holte sie frischen Toast aus der Küche. Gerade hatte sich Jola eine Scheibe mit gelber Marmelade geschmiert und hineingebissen. Das war ein Anblick, der alle zum Lachen brachte, denn Jola verzog das Gesicht zu einer erstaunten Grimasse. Bittere Orangenmarmelade! Aber ohne zu murren, aß sie weiter.

"So Mr Owens has got no friends at all? He's always **alone**?" Patsy konnte sich so ein Leben überhaupt nicht vorstellen. "It must be horrible to live like that!"

"Well, he's not really alone all the time. **After all**, he's got Sergeant Pepper!", korrigierte Lina. "And sometimes animals are better friends than **human beings**." Plötzlich vermisste sie ihre Tiere, besonders Sleeping Beauty, ihr neues Kätzchen. "I miss my pets a lot", fügte sie leise hinzu. Und jetzt musste sie Hey Jays Eltern von all ihren Tieren berichten.

Mrs Fitzgerald schaute schließlich ihren Sohn liebevoll an. "**Would you** like to have a pet, too?", fragte sie ihn.

---

alone allein
after all schließlich
human beings Menschen
would you würdest du

"I always wanted a dog, but you always say that they're too much work! So forget it."
"Yes, a dog can be a **wonderful** friend", bestätigte Granny. "My good old Busker doesn't only help me with the sheep, he**'s** also **kept me company** since my husband **died**", erklärte sie den Kindern.
"But **who's been taking care of** him and your farm **while** you were gone?", wollte Ali wissen.
"Oh, my neighbours. They're really nice people. Busker has **known them for a long time**, so it's no problem. They even **offered** to buy my farm if I decide I don't want to live there any more, and for a good **price**, too."
"So your neighbours are not like Mr Owens", frotzelte Patsy, womit sie wieder beim Thema angekommen war. Sie war ziemlich ungeduldig, denn irgendetwas stimmte doch da überhaupt nicht bei den Owens und sie verstand nicht, dass sie die Einzige zu sein schien, die mehr darüber erfahren wollte.

---

wonderful wunderbar
has kept me company hat mir Gesellschaft geleistet
died gestorben ist
Who's been taking care of ...? Wer hat auf ... aufgepasst?
while während
has known them for a long time kennt sie schon seit Langem
offered haben angeboten
price Preis

"I'd like to know what happened to his wife years ago. **Do you remember** when **exactly** she disappeared?"

"Well, **let me** think about it." Mrs Fitzgerald dachte laut nach. "When we moved in here Mrs Pritchard **next door told** us that it **had been** the year before. And we moved in exactly three days before Henry's, excuse me, Hey Jay's birthday party. He was two years old then, our **darling** little boy", schwärmte Mrs Fitzgerald und legte ihrem Sohn den Arm um die Schulter.

Jetzt wurde Hey Jay nicht mehr rot. Er schaute sie an und grinste breit. "Don't you want to show them all some of my baby photos?", fragte er mit leicht ironischem Unterton.

Seine Mutter stutzte kurz und sah ihn an, dann löste sie sich seufzend von ihm. "It's not easy being a mother, you know." Aber sie lächelte dabei. Vielleicht war sie einfach glücklich, dass ihr Sohn so groß und selbstständig geworden war, obwohl er als kleiner Junge Hautkrebs gehabt hatte. Jetzt saß er vollkommen gesund neben ihr.

Do you remember? Erinnerst du dich?
exactly genau
let me lass mich
next door nebenan
told hat erzählt
had been war gewesen
darling lieber

Nach dem Frühstück schlug auch Mr Fitzgerald ihnen vor, das Stadion zu besichtigen.
"Can't we go and see it another day? I mean, it's too hot in town, isn't it?" Patsy schaute herausfordernd in die Runde. "Maybe we can just go and see the **harbour** or something? Or even better, visit a nice **air-conditioned** library?"
Mr Fitzgerald nickte. "Yes, that would be good. We've got a huge harbour in Cardiff. And our library is very interesting, too. Do you want to borrow some books, Patsy?"
Patsy nickte. Die anderen aber schauten sie etwas ratlos an. Was wollte Patsy in einer Bibliothek?
Als sie aus dem Haus traten, war Mr Owens nicht zu sehen. "Maybe he's having a shower? Or **perhaps** he **went shopping**", vermutete Lina.
"But the window is open", bemerkte Jola sofort.
"Let's get closer", flüsterte Patsy.
Sie schlichen näher an das Haus heran. Immer wieder vergewisserten sie sich, dass niemand sie beobachtete. Aber die Straße und Mr Owens Haus lagen ruhig in der gleißenden Sommersonne.
Schließlich standen sie am Gartenzaun, nicht mehr weit entfernt von dem Papageien. Der hatte seinen

---

harbour Hafen
air-conditioned klimatisierte
perhaps vielleicht
went shopping ist einkaufen gegangen

Blick aufmerksam auf sie gerichtet und schien jede ihrer Bewegungen genau zu verfolgen.
"Wow, you are very beautiful", bestaunte ihn Jola und musste zum Schrecken aller auf einmal laut niesen. Der Ara öffnete seinen Schnabel weit und antwortete mit einem heiseren Laut. Es klang wie "*Bendith di!*", oder aber auch einfach wie ein Antwort-Nieser.
Hey Jay stupste Jola überrascht an. "He seems to like you!"
"Hey, **you lot over there**!", ertönte auf einmal eine laute Frauenstimme hinter ihnen. "Better **leave that bird alone**!"

Sergeant Pepper erschrak wohl genauso wie die fünf Undercover Kids, denn er schlug wild mit den Flügeln.
Vor dem Haus neben dem von Hey Jay stand eine ziemlich füllige Frau mittleren Alters in einer Kittelschürze. Sie hatte ihre stämmigen Arme in die Lüfte erhoben und winkte die fünf zu sich. "Don't do that! When Mr Owens comes back he'll call the police if he **finds** you there."
"Good morning, Mrs Pritchard. **May I introduce** you to my friends from Germany?", begrüßte Hey

---

you lot over there ihr da drüben
leave that bird alone lasst den Vogel in Ruhe
finds findet
may I introduce darf ich vorstellen

Jay die Frau, und das sehr freundlich, wie es so seine Art war.
"From Germany?", rief Mrs Pritchard erfreut aus. "Here on holiday in Wales, are you?" Patsy, Lina, Ali und Jola nickten und schüttelten ihr die Hand.
Patsy fiel ein, dass Mrs Pritchard schon länger hier wohnte als Hey Jays Familie und sie nutzte diese Chance. "Excuse me, Mrs Pritchard, do you know why Mr Owens is so **mean** … um … I mean, unfriendly?", fragte sie und tat dabei ganz unschuldig.
Mrs Pritchard winkte die fünf noch näher zu sich heran. "He's been like that since he **lost** his wife, Rosalind. Like a **nasty** boy. She was a lovely person, good old Mrs Owens, always so nice to everybody, always so helpful. He's always been a **tough** man, but he really loved her, that's for sure."
"What happened? Did she die?", bohrte Patsy nach. Die Frau schien es zu genießen, so ausgefragt zu werden. Sie kam richtig in Fahrt.
"Oh, nobody knows. Mr Owens told the police and everybody else that she went out in the early morning to see her **hairdresser**, but she never arrived

mean gemein
lost verloren hat
nasty boshafter
tough zäher
hairdresser Friseur(in)

there. She **simply** disappeared, and since that day nobody **has ever seen** her again. The police **searched for her high and low** and they never **found** her, **neither dead nor alive**." Die Frau unterbrach plötzlich ihren Redeschwall und schaute zum andern Ende der Straße. "But **shush**, here he comes. We'd better **leave** now. And please, **take care**. You shouldn't **meddle** in things that aren't

---

simply einfach
ever je
has seen hat gesehen
searched for her high and low hat sie überall gesucht
found haben gefunden
neither dead nor alive weder tot noch lebendig
shush pst
leave gehen
take care passt auf
meddle euch einmischen

your business. **Bye bye**. Have a nice day!" Sie winkte ihnen zum Abschied zu und verschwand eilig in ihrem Haus.
"**She's not too keen on** meeting him, is she?", stellte Patsy fest und Hey Jay zuckte die Achseln. "What a **surprise**!"
Von der Kreuzung her näherte sich Mr Owens mit prall gefüllten Einkaufstaschen. Er hatte die fünf noch nicht bemerkt.
Sie drehten sich um und spazierten in die entgegengesetzte Richtung. Allzu weit waren sie noch nicht gekommen, da hörten sie ihn auch schon schimpfen. Vorsichtshalber reagierten sie erst gar nicht auf ihn und liefen weiter bis zur nächsten Straßenecke. Dort bogen sie links ab.
"**Phew**, that man is really **scary**!", schimpfte Lina.
"How **could** Mrs Owens live with someone like him? Maybe she **ran away** because she **couldn't stand it any more**", vermutete Ali.
"Maybe she **left** the country", dachte Patsy laut.

---

bye bye tschüs
she's not too keen on sie ist nicht besonders scharf darauf
surprise Überraschung
Phew! Puh!
scary furchterregend
could konnte
ran away ist weggelaufen
couldn't stand it any more konnte es nicht mehr ertragen
left hat verlassen

Hey Jay schüttelte den Kopf. “I don’t think so. You need to show your **passport** to **identify yourself** And then the police **would have known**.”
“But if she just moved to Scotland, or England, or Ireland?”, forschte sie weiter.
“Well, if you **rent** a flat or a house you have to **register**, so the police would know where you were”, erwiderte Ali.
“No, not in Britain!”, korrigierte ihn Hey Jay. “In Britain you don’t have to register.”
“And if she was killed?”, fragte Jola mit einem etwas ängstlichen Unterton.
Patsy dachte nach. “Why should **anybody** kill her? And the police would **probably** have found her body anyway.”
Dann blieb sie stehen. “Is the library **nearby**?”
“Sure”, bestätigte Hey Jay, ohne anzuhalten, und führte sie nur wenige Straßen weiter zu einer großen Bibliothek.

---

passport Reisepass
identify yourself sich ausweisen
would have known hätte es gewusst
rent mietet
register sich anmelden
anybody irgendjemand
probably wahrscheinlich
nearby in der Nähe

Further Clues

Patsy hatte natürlich nicht vor, sich Bücher anzusehen oder auszuleihen. Sie wollte nachforschen, was damals über das Verschwinden von Mrs Owens in den Zeitungen berichtet worden war. Die anderen waren äußerst beeindruckt von Patsys Idee. Und bald darauf saßen sie vor einem Mikrofilm, auf der Suche nach Artikeln über Mrs Owens.

Sie wollten schon aufgeben, als Ali plötzlich leise aufschrie und rief: "**I've got it!**"

Die anderen Leute in der Bibliothek schauten irritiert von ihren Büchern hoch, manch einer rümpfte die Nase, aber niemand schimpfte. Patsy hing über Alis Schulter und las flüsternd:

"Cardiff. **Housewife Vanished**. Rosalind Owens, aged 46, disappeared from her **home** on Tuesday. Her husband, John Owens, was the last one to see her before she left the house very early in the morning. **None** of the neighbours saw her leave. Mr Owens says that she went to see her hairdresser, but she never arrived. The hairdresser told the police that she didn't

---

further clues weitere Hinweise
I've got it! Ich hab's!
housewife Hausfrau
vanished verschwunden
home Zuhause
none keiner

have an **appointment**, so it would have been very **unusual** for her to come. The police have searched everywhere, but Mrs Owens has vanished **without a trace**. Mr and Mrs Owens' son Dylan **is taking care of** his father, who is very **upset** …"

"Hm, nothing really new", meinte Lina leise und zwirbelte gedankenverloren an ihrem Zopf.

"Maybe", erwiderte Patsy vielsagend. Alle schauten erwartungsvoll zu ihr hin. "I think it's **actually** very interesting …", deutete sie aber nur an.

Hey Jay kratzte sich unter seiner karierten Kappe. "Maybe it's just too hot, but I ca**n't** seem to see **anything important** in it."

"I don't believe it! **Come on**, think! You're just not looking!"

"Well, to be **honest**, I don't have **the faintest idea**!" Er konnte wahrhaftig nichts Neues in dem Artikel entdecken.

Um sie herum wurde sich jetzt verstärkt geräuspert,

---

appointment Termin
unusual ungewöhnlich
without a trace spurlos
is taking care of kümmert sich um
upset durcheinander
actually eigentlich
not anything important nichts Wichtiges
Come on! Kommt schon!
honest ehrlich
the faintest idea die leiseste Ahnung

und die Bibliothekarin kam auf sie zu. “Please, you must be quiet, **otherwise** you will have to leave!”, wies sie die fünf zurecht. Die nickten, meinten “**Sorry**” und verließen die Bibliothek.
Draußen auf der Treppe blieb Patsy stehen und schaute ihre Freunde ungläubig an. “Come on, am I the **only one** who thinks that Mrs Owens never left the house that morning?”
Hey Jay setzte sich auf eine Stufe und spannte seinen Sonnenschirm auf. “Why do you think so, Patsy?”
“Come on, Hey Jay, you’re our maths **genius**, you can put two and two together, can’t you?” Patsy wunderte sich wirklich, dass nicht wenigstens ihr Cousin dasselbe bemerkt hatte wie sie. “Okay, I’ll **explain** it to you. **According to** the **paper**, Mr Owens told the police she went out, but nobody saw her leave! And the hairdresser told the police that she hadn’t made an appointment, which was unusual for her. Now put two and two together!”
Hey Jay war beeindruckt. “You mean Mr Owens could have said anything, right?”

---

otherwise ansonsten
Sorry Entschuldigung
only one Einzige
genius Genie
explain erklären
according to laut
(news)paper Zeitung

Patsy nickte. "You've got it!"
"Maybe she left days earlier!", überlegte Lina.
"Yes, and he didn't want to tell anybody about it."
"For reasons **unknown**", fügte Hey Jay nachdenklich hinzu.
Jola hockte sich hinter Patsy. "Maybe Mr Owens killed his wife?", fragte sie, "I wouldn't be **surprised**!"
Lina schüttelte den Kopf. "But Mrs Pritchard said that he loved her and that he only **changed** into **such** a **bad-tempered** person after she had gone."
"Well, none of it really makes **sense** and I'm so thirsty I could drink a **whole** river", stellte Ali fest. "Let's go."

Die fünf liefen los in Richtung Hafen, kauften Limonade und überlegten fieberhaft, wie sie weiter vorgehen könnten.
"If we could only talk to him", grübelte Patsy.
"You mean Mr Owens? Forget it!", winkte Hey Jay ab.

---

unknown unbekannte
surprised überrascht
changed hat (sich) verändert
such so
bad-tempered schlecht gelaunte
sense Sinn
whole ganzen

"Or to his son?", schlug Jola vor.
Patsy blieb abrupt stehen und starrte ihre Freundin an.
"Or to his son", wiederholte sie. "Do you think that would be **possible**?", fragte sie Hey Jay.
"I have no idea. Maybe we just have to try the next **time** we see him."
Und dann sangen sie ihren Banden-Slogan: "**No matter where** you are/No matter what you did/ We can **bet you** /That we**'re going to get** you / We're the Undercover Kids!"

Als sie zurückkamen, saßen Peter, Angelika und Mr Fitzgerald mit einer großen Landkarte auf einer Bank vor der Haustür in der Sonne. Mr Fitzgerald erzählte gerade von all den Sehenswürdigkeiten in Wales und natürlich auch von dem außerordentlichen Millennium Stadion, wo besonders im Frühjahr immer die tollsten Rugbyturniere stattfanden.
Mr Owens war in seinem Garten gegenüber beschäftigt und äugte immer wieder argwöhnisch zu ihnen und ihren Autos herüber. Aber er sagte nichts.

---

possible möglich
time Mal
no matter where egal, wo
bet you wetten
are going to get werden erwischen

"He seems to love **cutting his hedges**, taking care of his **flowerbeds** and **watering his roses**, and he **repaints** his **garden bench** at least once a year", flüsterte Hey Jay den anderen zu, als sie zu Mrs Fitzgerald und Granny in die Küche kamen. "Seems a little **crazy** about his garden, probably because he's got nothing else to do …"

Patsy stutzte. "**Is he rolling in money** or something? Or did he have a really **well-paid** job? I mean, how can he **afford** not to work? After all, he's not that old."

Mrs Fitzgerald wischte sich den Schweiß von der Stirn.

"Oh no, he's not rich at all. He **used to work** as a **carpenter**. I **guess** his son pays his **expenses**; he seems to have money. He's got a Mercedes, and sometimes he comes over with friends. They're always

---

cutting his hedges seine Hecken zu schneiden
flowerbeds Blumenbeete
watering his roses seine Rosen zu wässern
repaints streicht neu
garden bench Gartenbank
crazy verrückt
Is he rolling in money? Schwimmt er in Geld?
well-paid gut bezahlt
afford sich leisten
used to work hat früher gearbeitet
carpenter Schreiner
guess vermute
expenses Ausgaben

wearing expensive **suits**; they look like people who work in a bank or something like that. But his son doesn't really talk to any of us."

"Is he as unfriendly to the neighbours as his father is?", wollte Patsy wissen.

Granny transportierte schon fröhlich pfeifend den ersten Topf auf die Terrasse, während Lina mit Hey Jay und Ali begann, Geschirr und Besteck hinauszubringen und den Tisch für alle zu decken. Patsy und Jola blieben in der Küche.

"Well", meinte Mrs Fitzgerald, an die Mädchen gewandt, "his son is all right, I mean he's more friendly, but he's not very **interested** in longer **conversations**. **In the beginning** we invited him and his father over for tea, but they never came. And once, when the two of them were sitting in the **front garden**, I went to offer them some cake. But Mr Owens shouted at me and his son didn't stop him. Since that day I**'ve given up on them**."

Jola war enttäuscht. "So we can't talk to him", dachte sie laut.

---

suits Anzüge
interested interessiert
conversations Unterhaltungen
in the beginning am Anfang
front garden Vorgarten
I've given up on them. Ich habe es aufgegeben, mich um sie zu bemühen.

Mrs Fitzgerald stutzte. "You want to talk to Mr Owens' son? Why would you want to do that?"
Jola wurde noch heißer, als ihr sowieso schon war. Was sollte sie jetzt sagen? Patsy rettete sie. "Jola wants to know whether the parrot can talk or not."
Jola lächelte dankbar. "Yes, I like Sergeant Pepper a lot; he's so beautiful! And I'm sure he was saying something to me."
Patsy setzte Jolas Bericht fort. "We were looking at him in the morning before we left. Mr Owens was **out** shopping, and when Jola sneezed, the parrot sneezed too!"
Jola verbesserte sie. "It sounded like a real word to me; something like 'bendith di'!"
Granny, die gerade den nächsten Topf aus der Küche holte, hielt inne und kicherte. "*Bendith di*? Maybe he said '**bless you**' to Jola – in Welsh!"
Granny und ihre Tochter lachten, aber Jola und Patsy schauten sich vielsagend an.
"I **doubt** it", zweifelte Mrs Fitzgerald. "I**'ve** never **heard** the bird say **anything** to anybody. Mrs Pritchard once told us that he used to talk to Mrs Owens, but not to anybody else."

---

out fort
Bless you! Gesundheit!
doubt bezweifle
have heard habe gehört
anything irgendetwas

“**Not even** to Mr Owens?”, wunderte sich Patsy.
“Well, we don’t know what happens behind the curtain. But sometimes, when Mr Owens is in his garden, the parrot isn’t even **locked in** its cage. Sometimes he sits in one of the apple trees and now and then he **spreads** his **wings** and tries to fly. Then Mr Owens talks to him, but he never **answers**. So we think that Sergeant Pepper can’t talk at all.”
Als sie schon auf dem Weg zur Terrasse waren, fragte Jola noch Mrs Fitzgerald: “Mr Owens is quite poor, isn’t he?”
“I think so, but he doesn’t need much money. His parrot probably eats more than he does.”
In der Tat, Mr Owens sah nicht sehr wohlgenährt aus, und seine Kleidung war auch recht abgenutzt. Also in Gold schwamm der sicher nicht.

Endlich saßen alle am Tisch. Linas Mutter Angelika war voller Tatendrang. “Peter and I are going to go all over Wales. We want to see every **inch** of this beautiful country. Would you like to **join us**?”

---

not even nicht mal
locked in eingesperrt in
spreads breitet aus
wings Flügel
answers antwortet
inch Zoll
join us euch uns anschließen

Die Undercover Kids murrten ablehnend. Bei der Hitze im Auto sitzen lag gar nicht in ihrem Interesse. Dann noch lieber das Stadion besichtigen.
Angelika fuhr fort. "That's what we **expected**. But we had another idea. Maybe you'll like this one better. Granny has to go to her farm and look after the animals. She's leaving tomorrow."
"Oh yes, I miss Busker and my sheep and my little house", seufzte sie.
Mr und Mrs Fitzgerald sahen sich nachdenklich an, nur sehr kurz, sodass Granny davon nichts mitbekam. Aber Patsy und Hey Jay war dieser Moment nicht entgangen.

"Mr Fitzgerald told us that there's a river near the farm as well", redete Angelika mit funkelnden Augen weiter. "We thought – I mean, Mr Fitzgerald and Peter and I just wondered …"
"… if the children could come and **stay** with me? That would be lovely!", rief Granny und klatschte fröhlich in die Hände. "That's a fantastic idea!"
Patsy hätte sich beinahe verschluckt.
Gerade jetzt, da sie auf der Fährte eines unglaublichen Verbrechens waren? Sie wechselte rasch einen Blick mit Hey Jay, der nachdenklich die Stirn runzelte. Dann schaute sie zu Jola, die sie fragend mit großen

---

expected erwartet haben
stay übernachten

Augen ansah. Nur Lina drehte freudestrahlend an ihrem Zopf – das war klar, sie wollte diese Schafe sehen. Und Ali? Der aß und wartete einfach ab.
Mrs Fitzgerald schien die Idee ebenfalls gut zu gefallen. "Brilliant idea. It's much nicer to be there in this **heat** than in the city! And you can come back whenever you want to. There's a good **train connection** from the village."
Aber Patsy war und blieb unzufrieden, denn die Aussicht, in der Sache Owens und Owens nicht weiter nachforschen zu können, gefiel ihr gar nicht. Ihr gingen so viele Gedanken durch den Kopf. Was war damals passiert? Der Sohn war ihr auch nicht ganz geheuer, mit dem stimmte irgendetwas ganz und gar nicht. Aber vermutlich würden weder Mr Owens noch sein Papagei in der Zwischenzeit wegfliegen. Nur würde es wahnsinnig langweilig werden zwischen all den Schafen. It'll **bore me to death**, dachte sie und schaute wieder zu Jola, die mit viel Appetit das Essen in sich hineinschaufelte. Täuschte Patsy sich oder hatte Jola ihr gerade zugezwinkert?
Nein, sie hatte sich nicht getäuscht, Jola hatte ihr in der Tat zugezwinkert, denn Jola hatte eine – wie sie fand – gute Idee.

---

heat Hitze
train connection Bahnverbindung
bore me to death mich zu Tode langweilen

Der sprechende Papagei

Peter und Angelika waren bereits wieder in ihre Pension gefahren und die Undercover Kids hockten bei offenem Fenster auf den Matratzen. Bandenmeeting. "**There's something wrong** here", fasste Patsy aufgeregt zusammen. "As we all know, Mr Owens was the last person to see Mrs Owens and **he could have lied to** the police. I'm sure he didn't tell the **truth** because his wife never really **planned** to go to her hairdresser. And, to be honest, I think that he knows exactly where she is and what happened to her! I'm sure he's a **liar**!" Patsy hielt einen Moment inne und dachte nach, dann fügte sie leise hinzu: "And that's when he stopped working …"

Jetzt redete Jola weiter. "And his son took this heavy, um, was hieß noch mal 'Kiste'?"
"Box!", antworteten alle im Chor.
"… heavy box into the cellar. Maybe the box is full of gold", vermutete sie. "And I think we should stay up all night and … ups, was heißt 'beobachten'?"
Patsy hatte verstanden und setzte Jolas Gedanken fort. "We should stay up and watch the house. Maybe

---

there's something wrong irgendwas stimmt nicht
he could have lied to … er könnte ... belogen haben
truth Wahrheit
planned vorgehabt hat
liar Lügner

Mr Owens' son and his **suspicious** friends will come back."
Das war ein Plan! Der war so ganz in Patsys Sinn.
"Are you sure you **didn't fall asleep**? You weren't dreaming? I mean, a **dream** about three men carrying a heavy box around **during** the night?", erkundigte sich Ali nachdenklich. "Even if you're right, what's wrong with carrying boxes around?"
Ali hielt inne und sah an Patsys Gesichtsausdruck, dass sie ihm gleich an die Gurgel gehen – und dabei leider wieder mal im Schwitzkasten landen würde, denn er war in allem etwas schneller, zumindestens was die sportliche Seite betraf. "Well I mean, all I want to say is, hm, I don't know. What do you think, Hey Jay?" Und damit grinste er Patsy frech an.
Auch Hey Jay war nicht ganz überzeugt von dieser Aktion. Er hatte seinen Nachbarn noch nie gemocht und war froh, wenn er nichts mit ihm zu tun hatte. "To be honest", begann er langsam, "I don't think it's a good idea at all." Patsy wollte ihn unterbrechen, aber er winkte ab und fuhr fort: "These people are really **unpleasant**, and I don't want to have any more to do with them than absolutely necessary. And I

---

suspicious verdächtigen
didn't fall asleep bist nicht eingeschlafen
dream Traum
during während
unpleasant unangenehm

don't really see the **point** in finding out what happened to Mrs Owens so long ago. Maybe we should forget about it. And the box – well, maybe Ali is right. It **might** be a bit unusual to **move stuff in the middle of** the night, but these people never do anything **usual**. And if they're not too noisy, they can move as many boxes around as they want to. I don't think Mrs Owens is in there, or do you?"

Patsy war empört. "Hahaha! **You're making fun of it. That gives me the creeps**! I don't know what's in the box, but we are the Undercover Kids, and I just won't believe that you don't want to find out **what's going on here**. I guess you'd better go to bed so you'll be fit enough to **count** sheep tomorrow!"

Patsy lief zum Bad und schloss sich ein. Sie war richtig sauer. In den letzten Wochen waren sie sich immer einig gewesen, sie und ihre Freunde. Aber jetzt? So was Feiges!

Außer Jola, ausgerechnet Jola! Well then, Jola and I

---

point *hier:* Sinn
might mag
move transportieren
stuff Zeug
in the middle of mitten in
usual Gewöhnliches
You're making fun of it. Du machst dich darüber lustig.
That gives me the creeps. Ich bekomme eine Gänsehaut.
what's going on here was hier vorgeht
count zählen

will **keep watch** together, dachte sie, erleichtert über diesen Entschluss.
Zum Erstaunen der anderen kam sie freudestrahlend zurück ins Zimmer. Sie gähnte herzzerreißend und meinte: “I'm going to fall asleep **any** minute! Good night, **sleep tight, don't let the bugs bite**.” Dann zwinkerte sie Jola zu und zog ihr Laken bis zur Nasenspitze hoch. Als alle in ihren Betten waren und Jola sich neben sie kuschelte, flüsterte sie nur: “I feel **wide awake** – you too?”
Und Jola nickte.

Ungefähr eine Stunde später, als sie sicher waren, dass Lina und die Jungen nebenan schliefen, krabbelten sie leise von ihren Matratzen und gingen ans Fenster. Der Himmel war sternenklar und der Mond leuchtete in voller Pracht. “Vollmond?”, flüstere Jola. “Yes, a full moon”, bestätigte Patsy.
Jola stieß Patsy in die Rippen und zeigte auf Mr Owens' Haus. Das Fenster mit dem großen Papageienkäfig stand weit offen.
“**Let's go!**”, wisperte Patsy.

---

keep watch Wache halten
any jede
Sleep tight, don't let the bugs bite. Schlaft süß, lasst euch von den Wanzen beißen.
wide awake hellwach
Let's go! Los!

Sie schlichen die Treppe hinunter. Im ganzen Haus war es still, alle schienen zu schlafen. Patsy schob die Fußmatte in den Türrahmen, sodass die Tür leicht geöffnet blieb. Dann sahen sie sich auf der Straße um. Nirgendwo war mehr ein erleuchtetes Fenster zu sehen. Aus einem Zimmer bei Mrs Pritchard hörten sie leises Schnarchen. Sie kicherten.

Patsy schlich in ihrem Kuhpyjama barfüßig voran, Jola etwas ängstlich hinterdrein. So näherten sie sich dem Papageien.

Plötzlich zog Jola Patsy am Pyjama. "Was, wenn er Krach macht?" Jola hatte Recht, so ein Papagei könnte die ganze Nachbarschaft aufwecken! Aber Patsy wäre nicht Patsy, wenn sie jetzt nicht einen mutigen Einfall gehabt hätte.

"Talk to him, I mean, rede mit ihm. Leise", schlug sie vor. Sie hoffte inständig, der Trick würde funktionieren. So hatte es Lina gemacht, als sie eine kleine, verletzte Katze gefunden hatten. Wenn nicht, mussten sie eben schnell rennen, das würde selbst Jola auf diese kurze Strecke schaffen. Bis die Leute wach und aus ihren Betten geschlüpft waren, wären sie beide sicherlich längst im Haus der Fitzgeralds verschwunden.

"Gut. Soll ich auf Deutsch oder auf Englisch mit ihm reden?", wollte Jola noch wissen.

"Vielleicht besser auf Englisch, woher soll der Papagei Deutsch können?", erwiderte Patsy.

"Okay." Dann schaute Jola zu dem Papageien und begann, leise mit ihm zu reden. "Hello, you beautiful bird, I like you very much. I hope you like me too. I wonder if you can understand me, and whether you can talk ..."
Jola sprach ohne Unterlass und dabei tapsten sie immer näher heran. Sie waren nun am bauchnabelhohen Zaun angelangt und der Papagei rührte sich immer noch nicht. Er schien aufmerksam zu lauschen.
Plötzlich hörten die beiden einen Wagen näher kommen.
"Let's hope it's the son!", murmelte Patsy aufgeregt und zog Jola hinter sich her um die Ecke. Der Papagei flatterte mit den Flügeln, öffnete den Schnabel und krächzte: "*Croeso!*"
Noch bevor man ausmachen konnte, woher und wohin dieses entfernte Auto fuhr, ging in einem Fenster bei Mr Owens ein Licht an. Kurz danach hörten die Mädchen ihn beschwichtigend mit dem Vogel reden und das Fenster schließen. Dann fuhr das Auto vor. Heraus stieg ein jüngerer Mann, vermutlich der Sohn. Diesmal war er allein und er hatte auch keine schwere Kiste bei sich. Er hatte gar nichts bei sich.
Er öffnete das Gartentor und schloss die Tür auf. Dann war er verschwunden. Im Keller ging ein Licht an und nach wenigen Minuten wieder aus.

Dann hörten Patsy und Jola Stimmen. Es klang wie ein Streit. Aber sie konnten nichts verstehen.
"Please, Patsy, let's go back", bettelte die vor Aufregung zitternde Jola. Sie schien sich schon so ans Englischsprechen gewöhnt zu haben, dass sie sogar mit Patsy englisch redete. Patsy, die sich hinter dem Zaun ziemlich sicher fühlte, musste über ihre Freundin lächeln. Sie antwortete wie selbstverständlich auf Englisch. "Now? What if he comes out when we're in the middle of the street?"
Jola grauste bei der Vorstellung. Vielleicht hatte der Sohn ja sogar ein Gewehr? Bei solchen Leuten wusste man nie und so wartete sie mit Patsy, bis der junge Mann irgendwann wieder herauskam, leise vor sich hin fluchend, zum Auto ging und abfuhr.
Sie wollten gerade den Rückweg antreten, als das Fenster bei Mr Owens' Papagei wieder geöffnet wurde, und sie hörten ganz deutlich, wie der Mann mit seinem Vogel sprach.
"I can open the window for you now that he's gone. He's afraid someone might **break in** here, but who would want to do that? There's nothing **valuable** in this house, is there? Except you, **of course**, Sergeant Pepper. Good night!"

---

break in einbrechen
valuable Wertvolles
of course natürlich

Dann war es still. Patsy und Jola hielten den Atem an. Nach einigen Sekunden hörten sie den Mann wegschlurfen. Sie warteten noch unzählige Minuten, dann gingen auch sie langsam los.
“*Nos da!*”, krächzte plötzlich der Papagei heiser. Das war aber jetzt wirklich kein Nieser gewesen! Jola und Patsy erschraken gewaltig, rannten, so schnell sie konnten, zum Haus und zogen die Tür leise hinter sich ins Schloss.
Und dann fuhr ihnen der nächste Schreck in die Glieder.
Denn auf der Treppe saß jemand.

Natürlich hatte Hey Jay nicht geschlafen. Er kannte seine Kusine mittlerweile gut genug, um zu ahnen, dass sie etwas im Schilde führte. Er hatte mitbekommen, dass die beiden Mädchen das Haus verließen, und dann Ali und Lina geweckt. Lina hatte hinter der Gardine alles beobachtet, was auf der Straße vor sich ging. Ali saß derweil auf der obersten Stufe der Treppe in ihrer Sichtweite, sodass sie ihm bei Gefahr nur ein Zeichen zu geben brauchte. So einige Male war sie sich nicht sicher, ob es so gefährlich für ihre Freundinnen war, dass sie besser das verabredete Signal geben sollte. Aber sie hatte sich immer wieder gebremst. Wenn sie nämlich den Arm gehoben hätte, hätte Ali seinerseits Hey Jay Bescheid gegeben. Und Hey Jay, der auf der untersten Treppenstufe hockte, wäre dann sofort zur Rettung der Mädchen aus dem Haus gestürmt. Und das hätte natürlich auch ganz schön nach hinten losgehen können.

Glücklicherweise war aber alles gut gegangen und die fünf saßen bald auf den Matratzen. Hey Jay, Lina und Ali lauschten aufmerksam dem Bericht.

"Your mother was right, he really is scared of his son", stellte Patsy fest, nachdem sie und Jola alles haarklein erzählt hatten.

"And I couldn't believe how friendly and sad Mr Owens sounded when he was talking to his parrot", meinte Jola, in Gedanken versunken. Sie gähnte herzzerreißend. "Sleep", sagte sie jetzt nur noch und ließ sich zurück auf ihre Matratze plumpsen.

"What did the bird say to you?", wollte Hey Jay noch wissen.

"Croyso, or something like that. And this time I'm sure it wasn't just a **sneeze**! And later he said 'nos-da'", seufzte Jola.

"Hm, sounds like he said the Welsh 'croeso' – that means 'welcome'. Remember the street sign?", erklärte Hey Jay. "And 'nos da' means 'good night'."

"Nos da", murmelte Jola schlaftrunken und war auch schon eingeschlafen.

---

sneeze Niesen

Country Roads

Als Mrs Fitzgerald am darauffolgenden Morgen kam, um sie zu wecken, waren sie natürlich nicht die Fittesten auf Erden.

"What's happened to you? It wasn't that late when you went to bed. Didn't you sleep well? Was it too hot? You'll see, **once** you're in the country, you'll feel much better", plapperte sie gut gelaunt.

"I don't know, Auntie, can't we just stay for another day?", knurrte Patsy schlaftrunken.

"Oh, **sweetheart**, Angelika and Peter are already waiting for you downstairs and Granny **has packed** everything into the car. **There's no postponing it**, **I'm afraid**."

Patsy rollte zur Seite und stieß an Jola, die noch tief und fest schlief. Patsy schaute sie einen Augenblick lang an. In der vergangenen Nacht hatte Jola viel Mut bewiesen. Patsy war stolz auf ihre Freundin. "Braveheart", flüsterte sie.

In diesem Augenblick öffnete Jola die Augen. Dann mussten beide lachen und sie waren wach. Jola stand auf und ging, sich reckend und streckend, zum Fenster.

---

once sobald
sweetheart Schatz
has packed hat eingepackt
There's no postponing it. Man kann es nicht verschieben.
I'm afraid fürchte ich

"He's out, come and **have a look**!"

Auch Lina krabbelte jetzt aus den Laken und sie bewunderten gemeinsam die leuchtende Pracht dieses großen Vogels, der tatsächlich in einem Baum saß und seine glänzenden roten Federn putzte. Mr Owens hockte in einem Rosenbeet und zupfte Unkraut.

"Bestimmt gestutzte Flügel", schimpfte Lina.

Die anderen nickten.

"What did she say?", erkundigte sich Hey Jay von nebenan, während er sich dick mit Sonnencreme einschmierte.

"They**'ve** probably **clipped** his wings so he can't fly away", übersetzte Ali.

"Oh, I'm sure they have!", bestätigte Hey Jay. "Otherwise he'd be on his way to **paradise**."

"Breakfast!", rief Granny gerade und, noch in Pyjamas, rannten sie die Treppe hinunter und auf die Terrasse, wo Angelika und Peter bereits auf sie warteten. Es gab *bacon and eggs* und *sausages*, kleine, scharfe Würstchen. Jola, Ali und Lina wunderten sich insgeheim über das seltsame Frühstück. Verstohlen sahen sie sich an und probierten die Würstchen. Waren eigentlich ganz lecker.

---

have a look schaut
have clipped haben gestutzt
paradise Paradies

"Yummy, bacon and eggs", schwärmte Patsy. Seit ihre Oma in Deutschland gewesen war, hatte sie dieses Frühstück schon so richtig zu lieben gelernt.
Mrs Fitzgerald kam mit einer weiteren Pfanne. "**Baked beans**, too, if you like", erklärte sie.
Hey Jay verdrehte entzückt die Augen und lud sich den Teller voll. "That's just what I've been missing, Mum!"
Nach dem Frühstück sollte es gleich losgehen. Angelika und Peter wollten Granny und die fünf gemeinsam mit Mr Fitzgerald aufs Land bringen und dann die ganze walisische Küste abgrasen. Die Begeisterung der beiden war nicht zu toppen.
"We can't decide where to go **first**!", schwärmte Linas Mutter. "Once we leave the **mouth** of the River Severn there's this fantastic **coast** with all those **bays**, and the **Celtic Sea** and the **Irish Sea** – maybe we'll even see some **whales** …"
Peters Augen strahlten, er war vor vielen Jahren bereits durch das Land gereist und hatte es eindeutig

baked beans gebackene Bohnen
first zuerst
mouth Mündung
coast Küste
bays Buchten
Celtic Sea Keltische See
Irish Sea Irische See
whales Wale

geschafft, Angelika mit seinem Enthusiasmus anzustecken.

Lina schüttelte nur den Kopf. "Whales in Wales. Mum, will you **stop raving** about the countryside, please? You haven't even seen anything yet. You **go off** with Peter, and when you come back you can tell us all about it … and we promise not to **interrupt**."

Angelika schaute schuldbewusst. "I'm sorry. But you must promise to go with us when we come back. We want to show you Brecon Beacons, the national park!"

"Why?", erkundigte sich ihre Tochter mit einem Seufzer aus tiefster Seele.

"Because there are beautiful **waterfalls** there; you can even walk behind one of them. And caves, and old stones like the huge menhir Maen Llia, and the **woods** …"

"Oh, please, Mum, stop!", kreischte Lina und hielt sich die Ohren zu. "Please, stop it for now."

Die anderen hatten dem Dialog der beiden amüsiert zugehört. Jetzt gähnte Jola und wurde rot, als alle über sie lachten. Angelika blickte in die Runde.

---

stop raving aufhören zu schwärmen
go off fahr los
interrupt unterbrechen
waterfalls Wasserfälle
woods Wälder

"Sorry, I'm just so happy to be writing a book about this country!", flüsterte sie entschuldigend.

Zwei Stunden später stürmten sie hinaus.
Mr Owens brach daraufhin seine Gartenarbeit ab und wollte mit Sergeant Pepper auf der Schulter ins Haus gehen. Jola blieb traurig stehen. Sie sah Mr Owens seit letzter Nacht mit anderen Augen, er tat ihr plötzlich sehr leid.
"Come on, Jola!", rief Hey Jay.
Aber plötzlich begann der Papagei zu sprechen.
Zuerst verstanden sie rein gar nichts, aber Sergeant Pepper sagte es immer wieder und wieder.
"*Os edrychwch tu ol y lien, gewch chi sioc!* – If you look behind the curtain you'll be surprised!"
"He speaks!", flüsterte Mr Fitzgerald. "He can speak Welsh and English too!"
Mr Owens war völlig aus dem Häuschen. "You're talking again, it's a **miracle**, you're talking again! It's the first time you've talked since ..." Abrupt brach er ab, hielt inne und starrte plötzlich Jola an. "He likes you", staunte er und lief mit Sergeant Pepper ins Haus.

Die fünf Kinder verteilten sich wieder auf zwei Autos und dachten über Sergeant Peppers Satz nach. Patsy

---

miracle Wunder

hätte zu gerne hinter Mr Owens' Vorhang geschaut, aber nun fuhren sie ja erst einmal für unbestimmte Zeit aufs Land.

Granny wurde immer nervöser, je länger sie unterwegs waren. "I hope everything's all right out there. I can't do this **too often**, you know - I mean, leave my farm."

"Are you all **on your own** out there?", hakte Jola nach.

"Well, since my husband died, yes", antwortete Granny.

"But **what about** your neighbours? How **far away** do they live? Can you walk to see them, or do you need a car?", fragte Angelika.

Patsy hatte keine Lust, sich an der Unterhaltung zu beteiligen. Sie war immer noch, oder besser, wieder enttäuscht darüber, dass sie nicht weiter an dem Fall arbeiten konnte, jetzt, da der Papagei richtig zu sprechen begonnen hatte. Er mochte Jola wohl gut leiden. Und wer weiß, was er noch so alles sagen würde!

Patsy konnte sich einfach nicht damit abfinden, dass sie ein paar Tage lang möglicherweise nichts anderes tun würde, als Schafe zu zählen. Sie war gerade in

---

too often allzu oft
on your own alleine
what about was ist mit
far away weit entfernt

einen unruhigen Halbschlaf hinübergedämmert, als die Autotüren klappten und Granny rief: "Welcome to the farm!"
Da stand ein kleines Farmhaus mit zwei Scheunen, jeweils eine zur rechten und zur linken Hand. Hinter dem Haus auf einer riesigen Weidefläche grasten die Schafe. Ein großer schwarzer Hund kam laut bellend auf sie zugerannt und warf die kleine Granny vor Wiedersehensfreude fast um.
"Busker, good old Busker, you've been taking care of everything so well!" Granny hörte nicht auf, den Hund zu loben, der schließlich auch die Kinder begrüßte, indem er jeden Einzelnen von ihnen ausgiebig beschnupperte.
Die schmale Straße, an der Grannys kleine Farm lag, führte zu einem anderen, weitaus größeren Hof.
"That's where my friends live. I must go and say hello to them later, but for now, come on in and see my castle!"
Peter und Angelika hatten mittlerweile alle Taschen und Koffer aus den Autos geladen und wollten am liebsten gleich weiterfahren. "Have you got everything you need?", fragte Peter und hob den prall mit Vorräten gefüllten Korb aus dem Kofferraum. Mrs Fitzgerald hatte es sehr gut gemeint, schließlich war die nächste Einkaufsmöglichkeit im Städtchen Monmouth ein paar Kilometer entfernt.

Nachdem sich alle von Peter und Angelika verabschiedet hatten, lief Granny voran ins Haus.
Sie traten ein. Schlagartig war es angenehm kühl, trotz der Hitze draußen. Küche und Wohnzimmer waren ein Raum. "I love this house – it's so **cosy**!", rief Patsy aus. Sie war seit ein paar Jahren nicht hier gewesen. Trotzdem fühlte sie sich gleich wie zu Hause. Es war schlicht eingerichtet, aber sehr gemütlich. Ein paar Schaffelle lagen auf dem Boden, vor einem Kamin, vor dem Sofa, vor einem alten Sessel. Auf den warf sich Patsy als Erstes. "And such a **comfy** armchair!"
Granny stand am Fenster und genoss ihre Aussicht. "If you go up that hill over there, you can see the Brecon Beacons. The Kymin Hill is very interesting, because there's a **temple** and a little **Georgian** house …"
"Now you're talking like Lina's mother, Granny", beklagte sich Patsy, die es genoss, sich einfach nur in diesem Sessel zu lümmeln und mit einer Hand Busker zu kraulen. Aber lange währte das sowieso nicht.
"**Let's go for a swim** in the river!", rief Hey Jay,

---

cosy gemütlich
comfy (comfortable) bequemer
temple Tempel
Georgian georgianisch
Let's go for a swim. Lasst uns schwimmen gehen.

nachdem sie schließlich ihre Taschen ausgepackt und alles auf die Schlafzimmer verteilt hatten. Mr Fitzgerald war mit einem lauten "Bye, everybody, and take care" abgefahren und Granny wollte sich mit ihrem alten Auto auf den Weg zu ihren Nachbarn machen. Sie hatte ein lustiges klappriges Auto mit einer großen offenen Ladefläche. "**For transporting** sheep", erklärte Hey Jay grinsend.

Ein Stück fuhren sie mit Granny. Busker durfte natürlich mit und schleckte sie alle abwechselnd ab. Eine Zeit lang fanden sie es lustig, wie sie bei jedem Holperer so in die Höhe hüpften, obwohl Granny nur im Schritttempo fuhr. Hey Jays Sonnenschirm hüpfte eifrig mit. Aber nach einer Weile wurde es etwas schmerzhaft für die Sitzhöcker und sie

---

for transporting ... um ... zu transportieren

verzogen zunehmend die Gesichter. An einer Kreuzung bremste Granny und sie sprangen mit ihrem Schwimmzeug ab.
"Be back before six, then we'll make dinner!", rief sie ihnen zu und fuhr mit knatterndem Motor weiter.
Hey Jay führte sie zu einem idyllischen Plätzchen an einer flachen Stelle des Flusses. Hier waren sie geschützt vor der Sonne, große, alte Bäume breiteten sich Schatten spendend aus. Hey Jay und Ali legten ein paar alte Decken hin.
"Wow, **you're turning into** a real gentleman too", lächelte Lina Ali glücklich an. Ali wurde rot. Er riss sich T-Shirt und Hose vom Leibe und rannte zum Ufer des ruhig dahinströmenden Flusses. Lina und Jola stürmten hinter ihm her.

Patsy blieb bei Hey Jay, der sich dick eincremte. "I tried to **clear my head** but **it's buzzing** with one question: what's **hidden** in that cellar?"
Hey Jay nickte. "Maybe Jola's right and his son is hiding something there. Scotch whisky for example", fügte er grinsend hinzu, "or **antique furniture**. But we'll find that out when we go back."

---

you're turning into du verwandelst dich in
clear my head meinen Kopf frei machen
it's buzzing es summt
hidden versteckt
antique furniture antike Möbel

Strangers in the Night

Drei Tage waren sie nun schon bei Granny und hatten noch kein Bedürfnis verspürt, mal in die nahe gelegene Stadt zu fahren. Sie streunten in den Feldern herum, streichelten die Schafe, halfen auch mal Granny, lagen irgendwo im Schatten und badeten im Fluss. Müde und hungrig kehrten sie abends bei Granny ein. Nach dem Essen lagen dann immer alle auf den Schaffellen und lauschten Granny. Sie kannte viele wunderbare Legenden aus Wales. Und die Fünf dachten kaum noch an Mr Owens. Jola träumte ab und zu von Sergeant Pepper, aber er rückte in immer weitere Ferne.

Granny erzählte gerade die Geschichte vom Castell Ogwr, oder auch Ogmore Castle, und die fünf lauschten gebannt.

"All the **treasure** of Ogmore Castle was **guarded** by a **female ghost**. She was called 'Y Ladi Wen', or in English 'the White Lady'. One day a **brave** young man **appeared** and she came out to meet him. She

---

strangers Fremde
treasure Schatz
guarded bewacht
female weibliches
ghost Gespenst
brave tapferer
appeared ist erschienen

took him into the castle and **made him** lift a heavy stone for her. The man found a **cauldron** full of gold and she said that he could take **half** of it, but to leave the other half for her. First the man was happy and **grateful**, but he couldn't forget the other half. So he went back again and took more gold, as much as he could carry. On his way out he **met** the White Lady again. This time she was not friendly at all; she had **claws**, and she **attacked** him. When he came home he **became** very ill, and **in the end** he died …"

Plötzlich wurde Granny von Hey Jay unterbrochen und alle zuckten vor Schreck zusammen. "Sorry – Granny, **would you mind** being quiet for a **second**?" Hey Jay hatte sich aufgerichtet und lauschte in die Stille des Abends. Auch Busker hatte die Ohren gespitzt. Dann hörten sie alle, dass sich ein Auto dem Haus näherte.

---

made him hat ihn gezwungen
cauldron großen Kessel
half die Hälfte
grateful dankbar
met hat getroffen
claws Krallen
attacked hat angegriffen
became wurde
in the end am Ende
would you mind würde es dir was ausmachen
second Sekunde

"Nobody ever drives around here this late", wunderte sich Granny und stand auf. Sie schlüpfte in ihre Schuhe, und Busker folgte ihr. Wie auf ein Zeichen sprangen die Undercover Kids auf und gingen mit Granny vors Haus. Dann sahen sie das Auto. Es war ein großer schwarzer Wagen, vermutlich ein Mercedes. Jola stieß Patsy vor Schreck in die Seite. "Doesn't that look like Mr Owens' son's car?"
Patsy hielt den Atem an. "I don't believe it. You're right. **The same type** of car, and the same colour."
Hey Jay beruhigte sie. "There are lots of cars like this in Britain. It's not very **likely** that Mr Owens' son is going to **pay us a visit** up here!"
Das Auto kam näher und die Scheinwerfer blendeten sie. Dann hielt es an und zwei Männer stiegen aus. Keiner von beiden war Mr Owens' Sohn. Es waren zwei relativ junge Männer. Ihre Gesichter waren in der Dämmerung kaum zu erkennen.
"Hello, excuse us! Can you help us, please?", rief der eine ihnen zu. "Something seems to be wrong with our car and we have to **check it out**."
Busker knurrte, die Männer wagten sich nicht näher heran.

---

the same derselbe
type Typ
likely wahrscheinlich
pay us a visit uns besuchen
check it out es überprüfen

"Sssh, Busker, it's all right", beruhigte ihn Granny. Aber Patsy spürte genau, dass Granny den Männern nicht traute. "How can we help you? We aren't **mechanics**."

"Oh well, if you have some **tools** we might **be able to fix** the **engine ourselves**", antwortete der eine von ihnen betont freundlich. Er war kleiner und dicker als der andere.

"And we don't want **to be any trouble**, but would there be a place where we could stay **for a while**? I mean, we can sleep anywhere, we've got **sleeping bags**, so we could even sleep in the fields near your house. That is, if you don't mind."

Und der andere fügte mit heiserer Stimme hinzu: "And then we can fix our car in the morning and be on our way." Dann lachte er. Er war der Einzige, der lachte. Der andere stieß ihm in die Rippen, und sofort hörte er auf.

Granny wusste offensichtlich nicht so recht, was sie mit den beiden anfangen sollte. Konnte sie ihnen

---

mechanics Mechaniker
tools Werkzeuge
be able to fix reparieren können
engine Motor
ourselves selbst
to be any trouble Umstände machen
for a while eine Weile
sleeping bags Schlafsäcke

vertrauen? Sie war aber im Grunde ihres Herzens optimistisch und glaubte an das Gute im Menschen. Also willigte sie ein.

"You can sleep in the **stable**. There are blankets there, and there's even a toilet. But you must leave in the morning."

"No problem, lady", sagte der Schmalere von den beiden. Sie holten ihre Schlafsäcke aus dem Kofferraum und folgten Granny zum Stall, der jetzt leer stand, weil die Schafe im Sommer nachts auf der

---

stable Stall

Weide blieben. Dann verschwanden die Männer darin.
Die Undercover Kids, Granny und Busker versammelten sich anschließend wieder im Wohnzimmer. Lina, die als Letzte ins Haus kam, drehte den Schlüssel im Schloss herum. Es ging ihnen allen gleich, die beiden Männer kamen ihnen ganz und gar nicht geheuer vor.
"Do you think they're dangerous?", fragte Granny.
"Yes, I definitely think so", erwiderte Hey Jay.
"So I'd better close all the windows in the house", beschloss Granny.
Aber plötzlich klopfte es an der Tür und einer der Männer rief: "Excuse me, lady, do you think we could have the tools now?"
Granny schüttelte ihren Kopf, holte aber ihren Werkzeugkasten, auf dem groß die Buchstaben RP eingraviert waren, und öffnete dem Mann die Tür.
"Why can't you wait **until** morning?", fragte sie ihn.
Der Mann aber grinste nur. "Don't want to wake you up, **ma'am**. We're going to leave very early", gab er knapp zur Antwort.
Und dann ging er mit Grannys Werkzeugkasten.
Anschließend lief sie sofort durchs ganze Haus und schloss überall die Fenster. Es hatte sich sowieso ein

---

until bis
ma'am (madam) gnädige Frau

bisschen abgekühlt und Wolken zogen über den Himmel.
Als Granny weg war, flüsterte Jola aufgeregt: "I think those are the men who were with Mr Owens' son in the night, remember? The men who **carried** the box into the cellar!"
Die anderen schüttelten ungläubig den Kopf. "**Impossible**", meinten sie. "What are they doing here, **in the middle of nowhere**?"
Sie beschlossen, Granny nichts von Jolas Vermutung zu sagen, um sie nicht unnötig zu beunruhigen.

Patsy und Jola schliefen zusammen in einem kleinen Zimmer; neben ihnen, mit einer jetzt offen stehenden Verbindungstür, befand sich Linas Bett. Das Zimmer der beiden Jungen lag neben Linas. Es dauerte nicht lange in dieser Nacht, da trafen sich alle fünf bei Patsy und Jola.
"What shall we do? **Stand guard** the whole night?", grübelte Ali.
"No; we're **safe**, after all. Busker is sleeping **in the doorway**. He'll bark and wake us up if one of them

---

carried getragen haben
impossible unmöglich
in the middle of nowhere mitten in der Pampa
stand guard Wache halten
safe in Sicherheit
in the doorway am Türeingang

comes near the house. And he's a much better **guard** than all of us together. Don't forget, he's a **trained** guard dog", klärte Hey Jay sie auf.
"All the windows are closed?", erkundigte sich Lina.
"**Positive**, all closed", beruhigte sie Hey Jay.
"Do you think they really have problems with their car?" Ali konnte es sich nicht vorstellen. Auch die anderen bezweifelten, dass an dem Auto der zwei Männer wirklich etwas kaputt war.
"Maybe they're okay and they've just got lost?", erwog Lina. Es war immerhin eine Möglichkeit. Aber warum hatten sie dann nicht einfach gesagt, dass sie sich verfahren hatten?

"They're definitely suspicious; I just don't exactly know what to be suspicious of yet", entschied Patsy. "And I think we have to **eavesdrop on** them to find out."
Sie erntete nichts als entsetzte Blicke.
"All right, all right, I'll go by myself if you're such **cowards**!", brummte sie und stand auf.
Aber die Neugier der Undercover Kids war geweckt.

---

guard Wache
trained ausgebildeter
positive ganz sicher
eavesdrop on belauschen
cowards Feiglinge

When the Wind Blows

Wie sollten sie nur an Busker vorbeikommen, ohne dass er bellte, also ohne Granny zu wecken? Hey Jay wusste genau, wo Granny die Hundekekse für Busker versteckt hatte, holte die Packung aus der obersten Kommodenschublade und steckte sie in sein kariertes Rucksäckchen.

Er tapste allen voran zum Wohnzimmer. Hier konnten sie vom Fenster aus den Stall sehen. Er lag jetzt komplett im Dunkeln.

"They**'re** probably **fast asleep** and the only information we'll get from them is a lot of loud **snoring**", frotzelte Ali.

"Ssh, **be quiet**, Ali. You can go back to bed if you want to!", raunte Patsy ihm zu.

"Ist ja gut, okay, okay", wehrte der ab.

Hey Jay lockte Busker an, der mit gespitzten Ohren in ihre Richtung schaute und hechelte. Schließlich erhob er sich und lief schwanzwedelnd auf Hey Jay zu. Gierig verschlang er, was Hey Jay ihm anbot, und bettelte um mehr. Natürlich roch er, dass da noch Nachschub im Rucksack war, und Hey Jay blieb

---

blows weht
are fast asleep schlafen fest
snoring Schnarchen
be quiet sei still

nichts anderes übrig, als noch ein paar Kekse herauszurücken.
Allerdings sollte der Hund im Haus bleiben. Also befahl Hey Jay ihm leise: “Sit!”, und Busker gehorchte sofort. Sie sperrten leise die Tür auf, tapsten in die dunkle Nacht hinaus und schlossen die Tür wieder hinter sich ab. Den Schlüssel nahm Hey Jay an sich.

Es wehte ein leichter Wind und Wolken zogen über den Nachthimmel. Es war sehr angenehm, nicht mehr so heiß wie die letzten Tage. Es war still, sehr still hier auf dem walisischen Land. Anders als in der Stadt war hier niemand in der Nähe, der ihnen zu Hilfe kommen konnte. Sie mussten wirklich sehr vorsichtig sein!
Das Auto der beiden Männer parkte nah beim Haus.
“Before we eavesdrop on them I want to have a look at that car. Maybe I can find something”, wisperte Patsy.
“Are you crazy? It’ll be **locked** anyway. And if it isn’t, they’ll hear it when you open and close the doors!”, warnte Lina ängstlich.
Aber Patsy hörte immer auf ihr Gefühl. Sie fühlte sich sicher, weil all ihre Freunde bei ihr waren. “I’m sure I’ll find something very important!”
Patsy bestand darauf und es machte hier und jetzt

locked abgeschlossen

keinen Sinn, mit ihr zu streiten. Jola wollte bei Patsy bleiben und Wache schieben und Hey Jay versteckte sich hinter einem Gebüsch, von dem aus er die Stalltür und das Auto gut im Blick hatte. Er würde Jola ein Zeichen geben, falls jemand aus dem Stall kommen sollte.

"Okay, so we'll go to the stable and stand guard there to **distract** them from the car if they come out", schlug Ali Lina vor, lief lautlos in Richtung Stall und verschwand dahinter. Lina schlich ihm nach.

Ganz langsam und vorsichtig versuchte Patsy jetzt die Beifahrertür zu öffnen. Und unhörbar bewegte sich das Schloss tatsächlich, die Tür klickte auf und Patsy schlüpfte hinein. Ihr Herz rutschte ihr kurz in die Kuhmusterhose, als die Innenbeleuchtung aufflackerte. Vorsichtig lehnte sie die Tür an, bis das Licht wieder erlosch.

Jola starrte abwechselnd zu Hey Jay und zum Auto. Dann und wann erblickte sie Patsys Lockenschopf irgendwo im Wageninneren, das diese gründlich durchsuchte.

Hey Jay beobachtete den Stall. Er versuchte, Ali und Lina im Auge zu behalten, aber nur wenn die Wolken den Mond freigaben, erkannte man die Gestalten.

---

distract ablenken

Eine Weile geschah nichts Spektakuläres. Ab und zu hörte man einen Hund in weiter Ferne bellen. Dann sah Hey Jay, wie Ali und Lina winkten.

"**What's that supposed to mean?** Are the men coming out of the stable now?" Hey Jay entschied, dass es sicherer sei, Patsy aus dem Auto herauszulocken. So gab er Jola das verabredete Zeichen. Jola nickte und schlich näher an den Wagen heran.

Plötzlich wurde die Beifahrertür aufgestoßen und Patsy hielt ihr etwas entgegen. Jola konnte in der Dunkelheit nichts erkennen. Sie flüsterte: "**Get out**, Patsy!", und lief selber geduckt – was im Ernstfall überhaupt nichts gebracht hätte – zu Hey Jay.

Hey Jay zeigte auf Ali und Lina, die an der Seite der Scheune im Gras hockten und sich jetzt wieder mucksmäuschenstill verhielten. "Looks as if it was a **false alarm**, but it seemed safer", erklärte Hey Jay Jola und diese nickte erleichtert.

"Where's Patsy?", wollte er wissen. "Is she **still** in there?"

"I don't know, she's found something, but I don't know what. I told her to get out of the car **immediately**."

What's that supposed to mean? Was soll das bedeuten?
Get out! Raus!
false alarm falscher Alarm
still immer noch
immediately sofort

Beide richteten ihre Aufmerksamkeit auf das Auto. Patsy war nicht zu sehen.
Plötzlich sprang Lina neben dem Stall aus ihrer Deckung und wedelte wie verrückt mit den Armen.
"Something's happening now!", keuchte Jola und ihr Herz raste.
Und dann wurde die Stalltür aufgestoßen und einer der Männer, der kleinere von beiden, kam herausgestolpert. Offensichtlich konnte er zunächst in der Dunkelheit nichts erkennen; Jolas und Hey Jays Augen hatten sich längst an das Mondlicht gewöhnt. Der Mann schaute sich um und schlenderte dann leise summend zum Auto.
"**Where the bloody hell** is Patsy? I hope she's not in that car any more!", fauchte Hey Jay aufgeregt.
Jola dachte, sie würde gleich verrückt, weil sie nichts tun konnte. Was, wenn Patsy immer noch in dem Auto saß, und plötzlich öffnete der Typ die Tür und schaute ihr direkt ins Gesicht?
Gänzlich unerwartet für Jola, begann Hey Jay plötzlich, laut zu jaulen. Dabei klang er wie Busker, der auch sofort reagierte und laut bellte.
"Stupid dog, **shut up!**", schimpfte der Mann.
Das Hundegebell war jetzt so laut, dass Patsy es in dem Auto einfach hören musste, sollte sie noch darin

---

where the bloody hell wo zur Hölle
Shut up! Halt die Schnauze!

sein. Hoffentlich besaß sie genug Verstand und versteckte sich hinter einem der Sitze.

Dann ging ein Fenster auf und Granny rief in die dunkle Nacht hinaus: “Who’s there? What’s going on?” Jola und Hey Jay sahen sie im Fenster stehen. Sie hielten den Atem an: Granny hatte ein Gewehr im Anschlag!

"**Easy**, easy, lady! It's only me; I need to get some **beer** out of my car, that's all. **I didn't mean to** wake everybody up!"
Kleinlaut machte der Mann sich am Kofferraum zu schaffen und zog zwei Dosen daraus hervor. Schnell war er wieder im Stall verschwunden.
Granny hatte das Fenster geschlossen und man hörte leise, wie sie auf Busker einredete. Dann war alles wieder still. Hoffentlich kam sie jetzt nicht auf die Idee, nach ihnen zu sehen! Aber es blieb ruhig.
"Where's Patsy?"
Hey Jay und Jola schauten sich um. Dann erkannte Jola drei Gestalten neben dem Stall. "Look, Patsy's with Ali and Lina!"
Erleichtert schlichen sie zu den anderen. "Where were you? **My heart skipped a beat** when ..." Hey Jay wollte weiter auf Patsy einreden, aber sie hielt ihm den Mund zu.
"Please **don't have a go at me**. Didn't you see me get out of the car? Now, be quiet and listen!"
Jetzt hörte auch er die Stimmen im Stall. Die Männer redeten miteinander, bereits etwas lallend vom Alkohol und verhältnismäßig laut. Trotzdem ver-

---

easy sachte
beer Bier
I didn't mean to ich wollte nicht
my heart skipped a beat mir stockte das Herz
Don't have a go at me! Schnauz mich nicht an!

standen die fünf nicht alles, sie erhaschten nur einzelne Gesprächsfetzen, aber einige davon klangen vielversprechend.

"... stupid old ..."

"... nobody will **notice** anything ..."

"... **most of the time** it isn't locked ..."

"... we'll be rich ..."

"... next weekend ..."

"... after the big job tomorrow ..."

"... take the tools ..."

Irgendwann flüsterte Lina mit zitternder Stimme: "**I'm freezing**." Sie hatten ziemlich lange da im Gras gesessen, schweigend, lauschend, und dabei nicht bemerkt, dass aus den Wolken eine düstere Wolkenwand geworden war. Es schien ein Gewitter aufzuziehen. Plötzlich fielen die ersten Regentropfen und sie rannten zum Haus zurück.

"Well, that was it", murmelte Patsy. "But to be honest", fügte sie gähnend hinzu, "we've heard enough. We probably won't find out any more tonight."

Nun galt es nur noch, hineinzukommen, ohne dass Busker anschlug. Hey Jay probierte den bewährten Trick. "Hey, Busker, ssh, Busker ...", redete er auf den Hund ein, während er schnell die Tür aufschloss und

---

notice merken
most of the time die meiste Zeit
I'm freezing. Mir ist kalt.

ins Haus schlüpfte, gefolgt von den anderen. Sofort schob er Busker einen weiteren Keks in die Schnauze, sodass der gar nicht nachdenken konnte, dann verschwanden sie alle fünf mit einem Affenzahn in ihren Zimmern.
Busker blieb ruhig.

Sie wickelten sich in ihre Decken ein. Durch das Fenster beobachteten sie die jetzt wild dahinrasenden Wolken. Blitze zuckten in weiter Ferne durch das Gewölk, irgendwo grollte ein Donner.
"I'm still cold", murmelte Lina.
"And I'm wet", flüsterte Ali.
"Let's **huddle together**", wisperte Jola und sie rückten enger zusammen.
"Thanks for trying to **save** me", hauchte Patsy Hey Jay zu.
"But where were you **when I started howling**?", wollte er von ihr wissen.
"I was already with Ali", erwiderte sie.
"If only I'd have known that!", seufzte Hey Jay müde.
"We **nearly got caught** because I was howling like a wolf!"

---

huddle together aneinanderkuscheln
save retten
when I started howling als ich anfing zu heulen
nearly fast
got caught wurden geschnappt

"You were a good dog, Busker **answered** you", versuchte Jola ihn aufzuheitern.
"We're safe now we know that Granny has a **gun** ...", begann Patsy.
Hey Jay unterbrach sie. "... which I didn't know at all. That really surprises me!"
"Well, what do you think their plan is?" Lina zwirbelte aufgeregt an ihrem Zopf herum.
"They are definitely planning a big job! Maybe a **bank robbery**!", vermutete Ali.
"But they said something like, 'it's not locked'", bremste Lina ihn. "Banks are locked."
"Maybe another shop **somewhere**, they've already checked it out, and next weekend they're going to **rob** ..." Ali wurde von Patsy unterbrochen. "**As far as** I **understood** it, they were talking about two different things, because I heard them saying '*after* the big job tomorrow'. Didn't you hear that too?" Patsy schaute fragend zu Hey Jay.
Er nickte bestätigend. "I heard them say 'stupid old'. I hope they didn't mean Granny!"

---

answered hat geantwortet
gun Waffe
bank robbery Banküberfall
somewhere irgendwo
rob ausrauben
as far as soweit
understood verstanden habe

"And I heard something like 'nobody will notice'. Maybe they mean that nobody ever comes out here, and nobody will notice if they …" Jola sprach nicht weiter.

Alle starrten erschrocken auf Patsy, die auf einmal aufgesprungen war. "And they are really dangerous! We have to do something!", sagte sie. Dabei klang ihre Stimme auf einmal höchst alarmiert.

"What do you mean?"

"What are you talking about?"

Alle redeten durcheinander.

Patsy schaute zu Jola.

"Did you see what I found in that car?", fragte sie ihre Freundin und steckte eine Hand in ihre Jackentasche. Jola schüttelte den Kopf.

"So tell us, what did you find?", drängelte Ali.

"A revolver!", rief Patsy und zog eine kleine Pistole hervor.

Dann hörten sie auf einmal Schritte.

Sie konnten gar nicht so schnell reagieren.

Die Tür wurde aufgerissen und Granny stand vor ihnen.

"What's going on here? **Why are you creeping around** in the middle of the night?"

Why are you creeping around? Wieso schleicht ihr herum?

Gone With the Wind

Die Versammlung fand in der Küche statt, hier war es am wärmsten. Nachdem die Undercover Kids Granny alles, aber auch wirklich alles berichtet hatten, inklusive ihrer Beobachtungen in Cardiff und Jolas Vermutung, dass es sich bei den beiden Männern im Stall um die Freunde von Mr Owens' Sohn handelte, seufzte Granny tief. Sie stand schweigend auf, schlurfte mit ihren Pantoffeln zum Herd und setzte Wasser auf. Außer dem Prasseln des Regens auf dem Dach war eine Weile nichts zu hören. Jola war fix und fertig und weinte leise vor Erschöpfung.

"I'm **exhausted**, I don't know about you", murmelte Lina und nahm Jola tröstend in den Arm. "Granny, I think we should call the police", schlug sie vor.

"Yes, I think so too", erwiderte Granny. "But don't be afraid, nobody can get into this house. We're safe in here."

"And you've got a gun!", stellte Lina erleichtert fest.

Granny stutzte und dann lachte sie leise. "Well, this **rifle** is very old, you know, and it **doesn't work** at

---

gone with the wind vom Winde verweht
exhausted erschöpft
rifle Gewehr
doesn't work funktioniert nicht

all. I just keep it to **frighten** people like those men away. I've never needed it before tonight. Wales always seemed to me to be a **fairly** safe place."
Patsy war zum Fenster gegangen und schaute durch den Vorhang. Es regnete immer noch wie verrückt, aber im Osten wurde der Horizont langsam hell.
"**Daylight**!", stellte sie erstaunt fest.
Granny nickte und reichte jedem einen Tee. "I **suggest** that I call the police and you all go back to bed after you**'ve drunk** your tea. What do you think?"
Alle stimmten zu. Aber bevor sie ins Bett gingen, schauten sie noch mal zum Fenster hinaus in den beginnenden Tag, als Ali plötzlich ausrief: "Hang on, am I crazy? Or dreaming? Something **is missing**!"
Und dann sahen sie alle, was er meinte.
Das Auto stand nicht mehr da.
"They're gone – we didn't hear them leave!"
"Gone with the wind", seufzte Granny.
"And we **didn't write down** their **licence number**", bemerkte Hey Jay enttäuscht.

frighten erschrecken
fairly ziemlich
daylight Tageslicht
suggest schlage vor
have drunk habt getrunken
is missing fehlt
didn't write down haben nicht aufgeschrieben
licence number Kennzeichen

Nach einem viel zu kurzen Schlaf saßen sie alle in der Wohnküche. Ein Kommissar und sein Assistent hockten mit am Tisch. Es war jetzt zehn Uhr. Die Polizei hatte sich viel Zeit gelassen. Es bestand ja auch kein Handlungsbedarf mehr, die Männer waren verschwunden. Der Kommissar stellte seine Fragen.

"And they seemed suspicious to you?"

Patsy und Hey Jay nickten.

"Why? What did they do or say?", bohrte er weiter.

"Their car looked like a car we saw in Cardiff", erklärte Patsy zögernd mit Blick auf Jola.

"And? What's wrong with that? There are cars like that **all over** the country", wunderte sich der Mann und schaute ebenfalls zu Jola, die mit großen Augen zurückstarrte.

"We didn't trust them, and we were right. I mean, the car **hadn't broken down** after all", versuchte Patsy ihre Freundin aus dem Fokus des Polizisten zu retten.

Der glotzte wieder zu ihr. "How do you know?"

"Because they were drinking beer, and they left in the middle of the night without fixing anything", antwortete sie selbstbewusst. "And we had this **feeling** from the beginning."

---

all over überall in
hadn't broken down hatte keine Panne gehabt
feeling Gefühl

"Aha, a feeling. I see. Write this down", kommandierte er seinem Assistenten mit einem für alle unverkennbaren ironischen Unterton. "Suspicious because … hm … what's your name again?"
"Patsy", erwiderte sie.
"Take this down: 'Suspicious because Patsy had a feeling'." Der Blick des Kommissars ging in die Runde. "So, is anything missing?"
Verständnislos schauten ihn alle an.
"I mean, **did they steal** anything in the end? Or did they just seem suspicious, drink a beer or two in the stable and then leave again?"
So wie der Kommissar ihr nächtliches Erlebnis zusammenfasste, erschien es total lächerlich.
"But what about the revolver?", warf Patsy ein.
"My dear girl - what was your name again?"
"Patsy", antwortete Patsy langsam und überdeutlich.
"Patsy, what revolver are you talking about?"
Granny zog die Pistole aus einer Schublade und reichte sie dem jetzt etwas verblüfften Kommissar.
"This is what you found in their car? Is it possible that they were policemen? Did you ever think about that **possibility**? No? You should have! Maybe …"
Sein Blick schwenkte zu Granny, die sich bisher nicht eingemischt hatte. Aber innerlich kochte sie bereits

---

did they steal haben sie gestohlen
possibility Möglichkeit

über den Ton des Mannes, der jetzt fast mitleidvoll mit ihr sprach. "Maybe it's too much for you, having five children around. Did you watch a horror film last night? Or a **thriller**, perhaps?"
Granny brodelte.
"Sir – what was your name again?" Sie wartete seine Antwort allerdings nicht ab. "If you don't believe us, please leave my house. You do not have good manners, and so I **wish** you a good day and goodbye."
Sie führte die Polizisten zur Tür und knallte sie hinter ihnen ins Schloss. Die nächsten zehn Minuten war sie nicht ansprechbar. Dann zog sie sich eine Regenjacke über und lief eilig hinaus zum Stall.
Als sie zurückkehrte, fluchte sie laut. "And you were right, those two men are **thieves**. I hope one day I'll find them! They**'ve taken** my tools! My **brand-new** tools! I trusted them with the tools, at least, but …!" Sie machte ein abfälliges Geräusch und schüttelte den Mantel aus. Ein wahrer Regenschauer prasselte auf Busker nieder, der nun wirklich nichts dafür konnte.

---

thriller Krimi
wish wünsche
thieves Diebe
have taken haben genommen
brand-new brandneuer

News in the Paper

An diesem verregneten Tag hatte keiner von ihnen Lust, irgendetwas zu unternehmen. Granny versuchte, einen Beschwerdebrief an die Polizei zu formulieren, warf aber einen Entwurf nach dem anderen in die Ecke.

Es hatte sich merklich abgekühlt. Die fünf lasen in Zeitschriften, spielten die vorhandenen Spiele und gingen am Abend früh ins Bett.

Am nächsten Morgen regnete es nicht mehr, aber es war immer noch bewölkt und unfreundlich draußen. So fuhren sie mit Granny in das nächste Städtchen: Monmouth.

Sie passierten das Wahrzeichen der Stadt, ein uraltes Brückenhaus. "Monnow", erklärte ihnen Hey Jay, "is a very old town – it was **founded** in twelve hundred and something."

Zuerst erledigten sie mit Granny den Einkauf, einschließlich einer Tüte Chips für Jola, und dann liefen sie ein bisschen im Ort herum.

"Look, over there! That's the statue of Mr Rolls", erklärte Granny, als sie auf dem Agincourt Square standen. "Charles Stewart Rolls. He was a **remarkable** man. One of the first people to fly in a

---

founded gegründet
remarkable bemerkenswerter

hot air balloon. He even **crossed** the **English Channel** in a balloon! He was a very clever and brave man, and the **founder** of Rolls Royce. Yes, you have to be brave *and* clever, just like the five of you." Die fünf schauten verblüfft zu Granny ob des unerwarteten Lobes. Aber die redete weiter, als sei das nichts Besonderes. "If you want, we can go to the castle museum", bot sie ihnen an. Die Undercover Kids aber schüttelten nur müde den Kopf. Lieber bummelten sie noch ein bisschen weiter durch die Einkaufsstraßen und schleckten ein Vanilleeis mit einer leckeren Schokostange darin.

"Look, the 'Robin Hood **Inn**'!", rief Ali belustigt.

"Yes, it's a very old **pub**. Perhaps the famous Welsh **pirate** Captain Morgan used to go there", vermutete Granny.

Plötzlich bremste Hey Jay unerwartet und Patsy lief mit ihrem Vanilleeis in ihn hinein. "Watch out!", rief sie noch. Aber es war schon zu spät: Ihr leckeres Eis verschmierte Hey Jays Jacke. Der Rest lag am Boden und schmolz vor sich hin.

---

hot air balloon Heißluftballon
crossed hat überquert
English Channel Ärmelkanal
founder Gründer
inn Gasthaus
pub Kneipe
pirate Pirat

"Oh no, my ice cream! Hey Jay, it was your **fault** – you have to buy me a new one!", maulte sie.
Hey Jay aber zog sie zu einem Kiosk, an dem Tageszeitungen hingen. "Didn't you see this? '**Spectacular** Robbery: London's **Finest Jeweller** Loses **Millions**!'", las Hey Jay vor. Die anderen sahen sich fragend an. Granny zückte ihre Lesebrille.
"So what?" Patsy verstand nicht, worauf Hey Jay hinauswollte. Was war so interessant daran, dass ein Juwelier in London ausgeraubt worden war? Und dann sah sie das Bild neben dem Artikel. Es war das Foto eines Werkzeugkastens mit Initialen unten rechts, daneben war ein nagelneuer Hammer mit den gleichen Buchstaben abgebildet: RP, die Initialen von Rosie Price, Patsys Großmutter.
Granny war ganz aus dem Häuschen. "I don't believe it! Those are my tools! That's my hammer! It can't be **true**! I want to get them back – let's go to the police!"
Hey Jay kaufte noch schnell die Zeitung und sie rasten hinter Granny her, die nicht mehr aufzuhalten war.

---

fault Schuld
spectacular spektakulär
finest bester
jeweller Juwelier
millions Millionen
true wahr

Im Polizeirevier redete Granny auf die Polizisten ein. "There were two men staying in my stable yesterday. Very strange people. They left in the middle of the night and **stole** my tools! And we **knew** there was something wrong with them from the beginning. Patsy even found a revolver in the car ..."

Die Polizisten waren sichtlich überfordert. "Hang on, please, madam", bat einer von ihnen freundlich und klopfte an eine verschlossene Tür, auf der "**Superintendent**" stand. Die Tür öffnete sich und heraus trat genau der Mann, der am Tag zuvor bei ihnen gewesen war.

Als er sie sah, wollte er gleich wieder umkehren, aber Granny ließ das nicht zu. "You – now, you come here. If you had listened to us from the **start**, maybe this wouldn't have happened."

Der Mann runzelte seine sowieso schon faltige Stirn. "What are you talking about?"

Hey Jay hielt die Tageszeitung hoch.

Der Mann starrte einen Augenblick darauf und glotzte dann Granny und die fünf an. "So?"

Patsy wunderte sich, dass ein so begriffsstutziger Mann Kommissar geworden war, der saß ja wirklich auf einer sehr langen Leitung.

---

stole haben gestohlen
knew haben gewusst
superintendent Kommissar
start Anfang

Auch Granny konnte es nicht fassen. "I don't believe it! The two men we told you about – they're the ones who stole those **jewels**!"
Zur Verblüffung aller fing der Kommissar jetzt an, laut zu lachen. "Oh come on! You don't mean it, do you? Did you come all the way here to tell me this? Your imagination is very **vivid**, but …"
Granny unterbrach ihn empört. "Didn't they ever teach you to listen at school? I thought the police were supposed to help people? Now, I want you to help me get my brand-new tools back – and I can help you catch those thieves! So you had better shut up, change your **tone** and listen closely, my dear superintendent! Or next week you will need to take a **course** in good manners! I want to talk to your boss now."
Der andere Polizist mischte sich ein. "Excuse me, ma'am, he *is* the boss."
Nun versuchte der Kommissar, Granny zu beschwichtigen. "All right, then; come into my office and tell me all about your tools."
Wie eine Entenmutter mit ihren Kindern lief Granny voran, die fünf hinter ihr her.
"Na also, geht doch", feixte Ali.

---

jewels Juwelen
vivid lebhaft
tone Ton
course Kurs

Dann fiel die Bürotür des Kommissars hinter ihnen ins Schloss.

Der Kommissar war wie ausgewechselt, als sie sein Büro wieder verließen. Sie konnten ihm zwar nicht das Kennzeichen des Autos nennen, aber sie beschrieben die Männer so genau, dass der eine von ihnen schon bald identifiziert werden konnte. Es war der Dünnere und er war der Polizei bereits bekannt. Schwieriger war es bei dem anderen, aber die Polizei hatte Anhaltspunkte.
“**As soon as** we find them, you'll get your tools back, I promise!” Mit diesem Versprechen hielt er die Bürotür auf und lächelte ihnen freundlich nach. Der Kommissar zwinkerte Patsy verschwörerisch zu. “And your name is Patsy, right?”, fragte er.
“Like I said: Geht doch!”, lachte Ali, als sie wieder vor dem Polizeigebäude auf dem Bürgersteig standen. Und dann kaufte Hey Jay ein neues Eis für Patsy.

Zwei Tage später kam das Polizeifahrzeug auf Grannys Hof gefahren, der Kommissar stieg aus – und überreichte ihnen Grannys Werkzeugkasten.
“It was **a piece of cake**. We caught them **both** in

---

as soon as sobald
a piece of cake ein Kinderspiel
both beide

the same house. They laughed at us **at first** – they said, 'You can't **prove** anything, anyway'. But then I laughed too and said that they had left **fingerprints** on the hammer. One of them was stupid enough to say: 'I did not, I was wearing gloves.'"

---

at first anfangs
prove beweisen
fingerprints Fingerabdrücke

Der Kommissar lachte Tränen über die Dummheit dieses Diebes. Und etwas ernster fügte er hinzu: "I was happy that we didn't have to **mention** that you helped us catch them, because one day they'll come out of **prison**", erklärte er, "and I don't want them to come and pay you a visit!"
Granny nickte ihm anerkennend zu.
"But did you find the jewels? That would be the best **evidence** of all", erkundigte sich Patsy neugierig.
Der Kommissar schüttelte den Kopf. "No, Patsy, we haven't found them yet, but we will. If they've hidden them somewhere, I know they'll **confess sooner or later** where they are. If someone's got them, he can't sell them yet because they're still too 'hot'."

"I think we'd better call my parents and tell them what's happened", überlegte Hey Jay, als der Kommissar und sein Begleiter abgefahren waren. Patsy war nicht so überzeugt davon, dass das eine gute Idee war. Who knows how they'll **react**, dachte sie noch; aber Granny hatte schon die Nummer ihrer Tochter Margery gewählt.
Aunt Margery war auch zu Hause. Too late now,

---

mention erwähnen
prison Gefängnis
evidence Beweismittel
confess gestehen
sooner or later früher oder später
react reagieren

seufzte Patsy mit einer bösen Vorahnung, und lauschte dann wie die anderen dem Gespräch.
"Marge, you won't believe what's happened out here! We helped the police catch the men who robbed the jewellery shop in London!" Granny lauschte einen Moment in den Hörer. "How? Well, they stayed the night here, and … no, in the stable; and they wanted to fix their car and … yes – that is, they borrowed my tools … no, they stole them! Can you imagine?" Granny hielt wieder inne und hörte ihrer Tochter zu. "No, listen, please – and **calm down**, we're **perfectly** safe! They tried to use my hammer to break some **bulletproof glass** … no, Hey Jay saw an article in the newspaper with a photo … We didn't think it was necessary to call you … No, Margery, come on … No … No! Marge…"
Tante Margery hatte aufgelegt, und obwohl Granny wütend darüber war, stand wenige Stunden später das Auto mit Mr und Mrs Fitzgerald vor der Tür.
"You **treat** me as if I were a baby! I can take care of myself!", schimpfte Granny lautstark mit ihrer Tochter. Aber Aunt Margery und auch ihr Mann bestanden darauf, dass Granny mit allen Kindern sofort nach Cardiff zurückkehren sollte.

---

calm down beruhige dich
perfectly vollkommen
bulletproof glass Panzerglas
treat behandelst

"Things like that can happen anywhere!", behauptete Granny hoch erhobenen Hauptes. "You should be proud of us, Margery! Anyway, what about my sheep? And Busker – poor old Busker?"
Als hätte er verstanden, worum es ging, jaulte Busker leise.
"**No arguing**, Mum. We need to talk about the **future**. I don't want you to stay here **all by yourself**. We'll have to find a **solution** together." Dann wandte sich Mrs Fitzgerald an Lina. "We've called your mother on her **mobile** and told her what happened", erklärte sie. "She was very **worried**. They're going to come back to Cardiff. **They're hiking** and taking photos somewhere in Pembrokeshire National Park, **though**, so they won't be back for about two days."
Unwillig vertraute Granny ihre Schafe und ihren Hund wieder ihren Nachbarn an und packte ein paar Sachen zusammen. Lange, das hatte sie ihrer Tochter noch zugeraunt, lange würde sie nicht in Cardiff bleiben.

No arguing! Keine Widerrede!
future Zukunft
all by yourself ganz alleine
solution Lösung
mobile (phone) Handy
worried besorgt
they're hiking sie wandern
though aber

Granny's Dream

Dieses Mal nahmen die fünf den Zug zurück nach Cardiff und Granny hatte darauf bestanden, sie zu begleiten. Das ganze Gepäck hatten sie im Auto der Fitzgeralds verstaut. Sie fuhren durch das grüne Hügelland und überall liefen Schafe herum und grasten. Granny wirkte traurig.

"Don't worry, Granny, I'm sure they'll calm down after a while", versuchte Patsy sie aufzumuntern.

"You don't know my mother", widersprach Hey Jay. "She likes everybody to be completely safe. And she doesn't like Granny being out there on her own anyway. So this will give her the argument she needs to make Granny sell the farm."

"But I'm not too old to live on my own", beklagte sich Granny. "It's sad for me sometimes, but I don't want to just sit around in Cardiff **knitting** and cooking ..." Granny sprach nicht weiter; diese Vorstellung schien sie sehr zu erschrecken.

Ali verteilte Äpfel an alle. "What would you like to do, then? Do you really want to stay on the farm all alone?"

Granny starrte ihn nachdenklich an. "I don't know, I haven't really thought about it. I used to have a dream, though. When my husband was still alive we thought

---

knitting strickend

we might **renovate** the farm and open it as a kind of **boarding house** for families." Sie lächelte bei dem Gedanken. "We thought of buying lots of different animals for the children **to spend time with**."

"That sounds wonderful!", rief Lina begeistert. "I'd love to come during my **holidays** and help you!" Dann fügte sie etwas ruhiger hinzu: "You know, I love animals, and I know a lot about them."

"Yes, my dear, I've seen that; you're lovely with your pets. But I'd need a lot more help; I definitely couldn't do it alone."

Auch Jola war Feuer und Flamme. "And you know what would be … um, nice?"

Alle sahen sie erwartungsvoll an.

"Children and families from Germany could come and live on your farm and learn English **at the same time**!"

Alle waren total begeistert von Jolas Idee. Ali schlug sogar vor, Anzeigen fürs Internet zu gestalten und Werbung an ihrer Schule zu machen. "I'm sure a lot of families would love to come here; it's so beautiful in Wales!"

---

renovate renovieren
boarding house Pension
to spend time with mit denen sie Zeit verbringen können
holidays Ferien
at the same time gleichzeitig

Sie schauten aus dem Fenster und beobachteten eine Weile die vorüberfliegende Landschaft.
Jola seufzte. “I understand perfectly that you want to stay in the country!”
Granny wischte sich eine Träne von der Wange. “Being in the city is all right for a while. But I soon find **I’m longing** to get back to **nature** – the **fresh air** and green grass and the **mountains** and rivers. I can’t **come to terms with** the **thought** of not living out there any more.”
Patsy hatte schweigend zugehört. Ob ihr Vater von den Träumen seiner Mutter wusste? Ob es helfen würde, ihn anzurufen? Dann unterbrach Hey Jay ihre Überlegungen. “Why don’t you **hire** one or two people to help you? We’ll all do what we can …”
Granny unterbrach ihn kopfschüttelnd. “No, Hey Jay, I don’t have enough money to **build** all that **up** by myself. And I can’t hire anybody if I don’t have the money to pay them. That wouldn’t be fair. I have to forget all about it and look for another solution.”

I’m longing ich sehne mich danach
nature Natur
fresh air frische Luft
mountains Berge
come to terms with (mich) damit abfinden
thought Gedanken
hire einstellen
build up aufbauen

Schweigend nagten sie an ihren sauren Äpfeln.
Plötzlich kicherte Granny unerwartet. “Do you know why apples are sour?” Als die fünf ihre Köpfe schüttelten, fuhr sie fort: “I’ll tell you the **legend** of Gilfach Fargoed. Do you want to hear it?”
Alle nickten, erfreut über diese Ablenkung.
“**In the olden days fairies** lived in the Rhymney **Valley**. They were so happy; they danced and **sang all day**. Then a **giant** appeared in their valley. He wanted to kill every fairy who crossed his **path**. One day a very brave and clever fairy boy thought of a plan. The giant used to meet a bad **witch** every night under an apple tree. So the young fairy asked the birds for help – fairies can speak **‘Birdish’**, you know – and together they **fixed** a **bow** and an **arrow** in the apple tree. And then, the next night, a little owl

---

legend Legende
in the olden days früher
fairies Feen
valley Tal
sang haben gesungen
all day den ganzen Tag
giant Riese
path Weg
witch Hexe
Birdish die Vogelsprache
fixed haben befestigt
bow Bogen
arrow Pfeil

released the arrow and killed the giant. When the witch appeared all the birds attacked her. Before she died, she put a **curse** on all wild apple trees. She **swore** that from that day on all apples should be sour."
"What happened to the fairies after that?", wollte Ali wissen.
"Well, since that giant had a lot of gold and silver in his castle they all became rich. They **built** houses up there, but of course first they had to **bury** the giant. While they were burying him, they found **coal**, and they got even richer!"
"Coal?", hakte Jola nach, die mit Spannung Grannys Erzählung verfolgt hatte.
"Yes, Jola. Wales was a rich country for a long time after coal was found here."
"That would be nice, if we could find coal near your house", seufzte Jola.
"Or gold and silver in a castle", träumte Lina.
"Or meet a ghost like the White Lady who would show us a treasure", murmelte Patsy.
"Or maybe get some money from the jeweller!", rief Ali.

---

released hat abgeschossen
curse Fluch
swore hat geschworen
built haben gebaut
bury begraben
coal Kohle

"Or from the police for our help!", fügte Hey Jay nachdenklich hinzu. Dann grinste er. "I'll call the superintendent when we get home."
Leider gab es keinerlei Belohnung, weil der Juwelier seine Ware ja auch nicht zurückbekommen hatte.

Am nächsten Morgen saßen sie im Garten der Fitzgeralds und die Stimmung war nicht die beste. Hey Jays Eltern und Granny fanden einfach keine Lösung für das Granny-Problem. Die Undercover Kids beschlossen, sich doch lieber das Millennium Stadion anzusehen, als rumzusitzen und Trübsal zu blasen.
Das Stadion lag am Fluss und sie nahmen an einer Führung teil. Hinterher schaute Hey Jay alle erwartungsvoll an. "Well? It's not too bad, is it?"
"Wow, I didn't expect to see the **changing rooms**!" Ali war in seinem Element. "I could smell their **sweat**! I'd love to see a game of rugby!"
Die anderen stimmten dem zu, ihr Interesse war geweckt.
"You must come back here in March, when most of the rugby games **take place**." Hey Jay freute sich über die Begeisterung seiner Freunde.
"But the best part was when we were allowed to run

changing rooms Umkleideräume
sweat Schweiß
take place stattfinden

through the tunnel onto the **pitch**!", schwärmte Patsy.
"Yes, **I** really **felt** like a rugby star", kicherte Lina.
Als sie die Straße von Hey Jays Elternhaus erreichten, blieben sie in einiger Entfernung stehen.
"What about Mr Owens? We haven't seen him since we got back. I wonder what that means", wunderte sich Patsy.
Hey Jay zuckte mit den Achseln. "Sometimes he doesn't come out for a couple of days, or only to water his roses. I don't think there's anything unusual about it."
"I want to see Sergeant Pepper!", sagte Jola mit einer solchen Bestimmtheit in der Stimme, dass alle überrascht zu ihr schauten. "He started talking to me, and I want to find out if he can say more!"
Jola ging schnurstracks auf das Haus von Mr Owens zu. Ihre Freunde liefen hinter ihr her.
Am Zaun angekommen, sahen sie den Papageien in seinem Käfig. Das Fenster war geöffnet, Mr Owens nirgendwo zu sehen oder zu hören. "The window was closed when we left in the morning", stellte Jola fest. "Mr Owens is probably at home."
Dann sprach sie zu Sergeant Pepper: "Hello, Sergeant, are you okay? It's nice to see you again. I missed you!"

---

pitch Spielfeld
I felt ich habe mich gefühlt

Der Vogel öffnete seinen Schnabel und heraus kam so etwas wie "Djolch!"
"What does that mean?", wollte Jola von Hey Jay wissen.
"'Diolch' means 'thanks'!", erwiderte der verblüfft. "I don't believe it; he's really talking again!"
Der Papagei war aber noch lange nicht fertig; er redete munter drauflos. "*Paid a edrych yn y seler. Allai fod dy farwolaeth.*" Das wiederholte er wieder und wieder.
"What was that about?" Patsy platzte fast vor Neugierde. Aber Hey Jay schüttelte den Kopf. "I don't know, my Welsh isn't very good. Something about the cellar, I think!"

Aber nach einer Weile krächzte Sergeant Pepper: "Don't look in the cellar, it could **be the death of you**!"
Das sagte er allerdings nur ein einziges Mal laut und vernehmlich und dann verstummte er.
Patsy schlug ihrem Cousin so kräftig auf den Rücken, dass er fast stolperte. "I knew, I knew Jola was right from the beginning!" Und dann flüsterte sie so leise, dass alle den Atem anhielten: "Tonight we're going into that cellar!"
Dann hörten sie eine Toilettenspülung in Mr Owens' Haus und eine Tür und sie rannten zurück.

---

be the death of you dich ins Grab bringen

The Parrot Knew Everything

Am Abend lagen sie hellwach auf ihren Matratzen. Hey Jay hatte zusätzlich zu der Taschenlampe, die immer in seinem Rucksäckchen verborgen war, eine zweite besorgt. Sie planten ihre Vorgehensweise für den Einstieg in den Keller.

Einzig für Lina war die Aufgabe klar. “I'll stay behind the curtain and watch the street. I think that from there I can see what's going on in the house as well, at least when a light is on.”

“You'll need a **torch**, then. You can use it to **signal** to us if anything happens.”

Nun wurde es schwierig. Jola wollte unbedingt zu Sergeant Pepper. “I really think I must stay with Sergeant Pepper, please don't ask me why. Maybe his window will be open and I'll have a chance to talk to him.”

Patsy, Ali und Hey Jay sprangen auf und schauten aus dem Fenster.

“I don't believe it, she's right! The window's open and it looks as if Mr Owens is asleep. It's all dark.”

“Maybe we can climb in?”, schlug Ali vor.

“I don't think so, the bird will probably go crazy if we try to get in through that window”, befürchtete

---

torch Taschenlampe
signal ein Zeichen geben

Patsy. "But **however** we get into the house, I'm definitely going into the cellar." Patsy war natürlich nicht davon abzubringen, den Keller zu erforschen.

"But how can we get in?", grübelte Hey Jay. "I don't think it's a good idea to climb in through that window. And I don't think Mr Owens leaves his doors open." Hey Jay hatte Recht, sicherlich würde Mr Owens alles abschließen. "I've got a **screwdriver**, but it only opens very **simple locks**", überlegte er weiter.

"We just have to go and **take our chances**. We'll find a way", sagte Patsy voller Überzeugung. Schließlich waren sie die Undercover Kids!

"And I'll go with you into that cellar, all right?", schlug Ali vor.

"Okay, **we'll give it a try**", beschloss Hey Jay.

"Let's wait another hour, just **to be on the safe side**", meinte Lina. Sie gab nicht zu, dass sie froh war, im Haus bleiben zu dürfen. Aber was sollte schon passieren? Schlimmstenfalls würde Mr Owens aufwachen, sie entdecken und dann bei der Polizei anzeigen. Das wäre auszuhalten.

---

however wie auch immer
screwdriver Schraubenzieher
simple locks einfache Schlösser
take our chances es riskieren
we'll give it a try wir werden es versuchen
to be on the safe side um sicherzugehen

Es war kurz nach Mitternacht, als die Aktion startete. Lina stand mit einer Taschenlampe am Fenster des Mädchenzimmers. Sie sollte ja blinken, wenn etwas Verdächtiges passierte.

Jola voran schlichen die restlichen vier Bandenmitglieder die Treppe hinunter und hinaus in die sternklare Nacht, immer näher an das Haus von Mr Owens heran. Als sie den Zaun erreicht hatten, begann Jola wieder, leise mit dem Papageien zu sprechen.

"Hello, my friend, are you okay? We need to get into the house. Can you help us?" Sie wiederholte immer wieder das Gleiche und ganz nebenbei und wie selbstverständlich war sie über den Zaun geklettert. Patsy staunte mal wieder über ihre Freundin. Jola hatte sich in diesem Sommer sehr verändert. Sie war unglaublich mutig geworden.

Langsam kletterte Patsy hinterher.

Noch war der Papagei still und schien sich hauptsächlich auf Jola zu konzentrieren. Hey Jay und Ali waren jetzt auch im Garten angelangt.

"We're going to leave **footprints**!", flüsterte Hey Jay.

"**Shit**." Mehr fiel Ali dazu nicht ein. Sie versuchten, über die Steine zu gehen, die Mr Owens in seinem

---

footprints Fußspuren
Shit. Scheiße.

Vorgarten fein säuberlich angeordnet hatte. Wenn man genau hinsah, konnte man sich von einem zum nächsten seinen Weg bis zur Haustür bahnen. Allerdings nicht zu dem Fenster mit Sergeant Pepper. Mr Owens würde also am Morgen unweigerlich entdecken, dass jemand in seinem Garten gewesen war.

Patsy stand jetzt neben Jola. Der Vogel schaute sie mit schief gelegtem Kopf an und gab ein leises Geräusch von sich. Jola hörte nicht auf, mit ihm zu reden. "You're such a beautiful bird; I'd love to have a parrot like you ..."

Ein leises Geräusch an der Haustür schreckte sie auf. Das waren aber nur Hey Jay und Ali. Vielleicht überprüften sie, ob die Haustür verschlossen war.

Sergeant Pepper hob leicht seine Flügel, so als wollte er gleich losflattern. Jola sprach weiter leise auf ihn ein. So schaffte sie es, dass er sich wieder beruhigte und langsam sein Gewicht von einem Bein auf das andere verlagerte, hin und her, hin und her. Aber er blieb dabei ganz still und schaute zu Jola. Die begann, seine Bewegung nachzumachen.

Patsy betrachtete das als geeigneten Moment nachzusehen, was Ali und ihr Cousin an der Haustür zu schaffen hatten. Langsam ging sie auf die Haustür zu. Hey Jay und Ali waren nirgends zu entdecken. Waren sie um das Haus herumgelaufen, suchten sie eine offene Kellertür oder ein Kellerfenster?

Da sah Patsy, dass die Haustür leicht angelehnt war –

sie stand offen! Patsy schlüpfte in das ruhig daliegende Haus. Im Flur war es stockfinster.
“Hey Jay? Ali? Where are you?”, flüsterte sie. Aber es war nichts zu hören. Wieso hatten die beiden nicht auf sie gewartet oder ihr ein Zeichen gegeben? In Patsys Wut auf die Jungen mischte sich eine gehörige Portion Angst. Wenn sie jetzt irgendetwas umstoßen würde?
Sie blieb stehen und hoffte, dass ihre Augen sich nach einer Weile an die Dunkelheit gewöhnen würden.

Lina stand oben am Fenster mit vor Aufregung rasendem Herzen. Sie wunderte sich über Jola, die vor dem Papageien hin und her schaukelte, aber sie konnte von da oben nicht erkennen, was der Papagei in seinem Käfig tat.
Eben sah sie, wie Patsy hinter den Jungen ins Haus schlüpfte. Dann entdeckte sie über den Zaun hinweg ein kleines Licht in einem Kellerfenster. Ali hatte vermutlich die Taschenlampe eingeschaltet. Ob Patsy jetzt schon bei ihnen war?
Aber dann geschah das Schreckliche: Lina hörte ein Auto näher kommen! Würde es in diese Straße einbiegen? Würde es am Haus vorbeifahren? Jola konnte sich hinter einen Strauch ducken, von der Fahrbahn aus würde man sie dann nicht sehen können.
Jola hatte das Geräusch natürlich auch vernommen, sie schaute irritiert zu Lina hinauf.

Und dann bog der Wagen auch schon in ihre Straße ein. Lina gab sofort wilde Lichtzeichen. Die Taschenlampe im Keller erlosch.
Es war der Mercedes, der tatsächlich genauso aussah wie das Auto der beiden Juwelendiebe. Aber es war Mr Owens' Sohn, der jetzt ausstieg und auf die Haustür zuschlenderte. Er zog einen Schlüssel aus der Tasche – und fluchte. Er hatte entdeckt, dass die Tür nur angelehnt war. "That stupid old man, he's always forgetting!", schimpfte er.
Sergeant Pepper schwieg und schaute nur auf Jola, die sich hinter dem Gebüsch verkrochen hatte.

Auch Patsy hatte natürlich das Auto kommen hören. In ihrer Angst war sie einfach schnell wieder aus dem Haus herausgeschlüpft und geduckt in die andere Richtung gelaufen, um das Haus herum, irgendwohin, wo sie niemand sehen konnte. Weder Jola noch Lina hatten sie bemerkt. Patsy hockte also nun neben dem Haus, nah bei einem schmalen Kellerfenster. Ein Erwachsener passte so gerade zwischen die Hauswand und den Zaun zum Nachbarhaus. Das Fenster war gekippt. Sie hörte dadurch, wie der Sohn von Mr Owens die Kellertreppe hinunterstieg. Sie wagte noch zu flüstern: "Hey Jay? Ali? Are you in there?" Aber sie bekam keine Antwort.
In dem Raum, vor dessen Fenster Patsy hockte, flackerte plötzlich ein grelles Licht auf. Patsy war

zur Seite gerutscht, so leise sie nur konnte, aber sie versuchte trotzdem hineinzuspähen. Dann sah sie den Mann vor einem Regal stehen. Er zog eine kleine Kiste heraus und wühlte darin herum. Schließlich steckte er etwas in seine Jackentasche. Sie konnte nicht sehen, was es war, denn er drehte ihr den Rücken zu. Dann ging er wieder und löschte das Licht. Sie hörte, wie er die Kellertreppe hinaufstieg.

Erleichtert atmete sie durch. Er hatte die Jungen nicht entdeckt.

Dann hörte sie, wie die Haustür ins Schloss fiel und ein Schlüssel umgedreht wurde, Schritte, eine Autotür, dann sprang der Wagen an und rollte langsam davon.

Erneut flüsterte sie durch das Fenster.

"Hey, boys? Where are you? Please give me a signal!"

Und dann hörte sie etwas und sie sah die Taschenlampe.

Aber sie hörte noch etwas anderes.

Mr Owens war aufgewacht.

Lina sah das Licht im Wohnzimmer, sie erkannte deutlich ein Sofa und den Fernseher hinter Sergeant Pepper. Und dann tauchte Mr Owens am Fenster auf. Was er seinem Vogel sagte, hörte Lina nicht. Aber Jola vernahm es und sie verstand fast jedes Wort.

"**Good Lord**, he was here again. He always comes at night and goes down to the cellar. What is he doing there? It's dangerous! Oh my **God**, why did I listen to him when she died? I should have told the police. Even if they'd put me in prison I would have felt better than this. This house has been like a prison to me for years, and now I'll never get out of here. **I'm so lucky** to have you with me, Sergeant Pepper; but why won't you talk to me?"

Auf einmal schepperte es laut im Keller von Mr Owens. Und dann ging alles rasend schnell.
Mr Owens fuhr vor Schreck zusammen und hielt sich am Fensterrahmen fest. "Dylan was right", flüsterte er entsetzt. "She's coming to get me!"
Und dann rannte er schreiend durch das Haus, schloss die Haustür auf und lief, laut um Hilfe rufend, auf die Straße. Es dauerte nicht lange und in den umliegenden Häusern gingen die Lichter an.
Mrs Pritchard tauchte als Erste auf, mit einer Pfanne in der Hand. Dann hörte Lina Rumpeln im Haus, Mr und Mrs Fitzgerald eilten auf die Straße und versuchten, den wild um sich schlagenden Mr Owens zu beruhigen.

Good Lord! Du lieber Gott!
God Gott
I'm so lucky ich habe so ein Glück

"My dead wife's ghost is in the cellar! She's come to get me! She's **finally** coming for me!", rief er immer wieder.
Lina sah zu ihrer Erleichterung, dass Patsy geduckt an der Seite des Hauses auftauchte und dort verharrte.
Jola hockte noch immer im Gebüsch, während Sergeant Pepper in seinem Käfig wild mit den Flügeln schlug.
Hey Jay und Ali saßen in einer Nische im Keller und warteten, was wohl geschehen würde. Ali hatte aus Versehen einen Blecheimer umgestoßen. Er war selber natürlich unglaublich erschrocken.
"I wonder what's happening out there?", flüsterte er.
"I don't know; I guess they think we're thieves and now they're going to try and catch us", erwiderte Hey Jay.

Lina hörte zu, was die Nachbarn beratschlagten. Einige näherten sich zögernd dem Haus von Mr Owens. Er versuchte, sie davon abzuhalten. "There's no thief, it's my wife, she's coming to get me! I'm going to die!"
Mrs Pritchard und Mrs Fitzgerald und noch zwei Nachbarinnen kümmerten sich, so gut sie konnten, um Mr Owens, während die Männer zum Haus liefen.

---

finally endlich

In dem Moment ertönte eine Stimme hinter Lina und sie erschrak so sehr, dass sie einen spitzen Schrei ausstieß.
“Calm down, Lina, it’s only me! What are you doing here, and where are the others?”
Es war Granny. Lina fiel ihr erleichtert in die Arme.
“You must help, please – Jola and Patsy are over there, and Ali and Hey Jay are in the cellar!”
“Oh no, I don’t believe it!”, sagte Granny nur, lief zum Fenster und rief, so laut sie nur konnte: “Stop **whatever** you’re doing down there and listen to me!”
Alle auf der Straße hielten inne und starrten sie an. Sogar Mr Owens war plötzlich ganz still. Jola beobachtete das Geschehen und sie atmete beruhigt durch. Granny sah in dem Fenster bei Lina aus wie eine Königin, die eine Ansprache halten wollte. Jola ahnte, dass jetzt alles gut werden würde, und sie krabbelte unter dem Busch hervor. Unbemerkt von den ganzen Erwachsenen, die jetzt erwartungsvoll zu Granny blickten, ging sie zu Sergeant Pepper.
“You listen to me, now”, begann Granny. “There’s no **criminal** in the cellar, and **no ghost either**. Our children are over there. I don’t know what they’re

whatever was auch immer
criminal Verbrecher
no ghost either auch kein Geist

doing there, but I know they must have a very good reason. Now please go and help them out. They'll tell us **what they were up to**."

Patsy stand auf. Ihre Granny war einfach unschlagbar.

"Hey Jay, Ali, where are you? Come out, everything's okay!", rief sie in den Keller hinunter.

Auf der Straße aber brüllte Mr Owens. "No! Don't go into the cellar! **It's haunted!** She's coming!"

Die Kellertreppe hinauf aber kamen keine Geister, sondern Hey Jay und Ali. "Wow, that was … different", murmelte Ali, froh, dass alles vorbei war.

"We have to call the police immediately! They have to see what's in there! Jewellery, **furs**, **paintings**, money … we didn't look everywhere, but it's a huge **storeroom** for – well, my guess is that they're all **stolen goods**!", erklärte Hey Jay atemlos. "It's spectacular!"

Patsy fiel erst ihm, dann Ali um den Hals. "I knew it!", rief sie glücklich.

---

what they were up to was sie vorhatten
It's haunted! Da spukt es!
furs Pelze
paintings Gemälde
storeroom Lagerraum
stolen goods Diebesgut

The End and a New Beginning

Nun saßen alle in der Küche der Fitzgeralds. Mr Owens schlürfte einen heißen Tee und alle lauschten seiner Erzählung.

"It was more than ten years ago. My wife went down into the cellar to fetch some **marmalade** for breakfast. **Suddenly** I heard a loud **scream** and a heavy **thud**. I immediately ran to see what had happened. There she was, **lying** on the **ground**. She**'d fallen** down the stairs and broken her neck. She was already dead. I didn't know what to do, so I called my son. He came, and he was really angry. He said it was all my fault! He said if we called the police they would send me to prison because I'd killed her. But I didn't! Really! You must believe me!"

Mr Owens war außer sich und schaute verängstigt um sich. Patsy war entsetzt. Was war das für ein Sohn!

Mr Fitzgerald fragte weiter. "And what happened then?"

"Well, I had to promise not to tell anybody. Dylan

---

marmalade Orangenmarmelade
suddenly plötzlich
scream Schrei
thud dumpfer Schlag
lying liegend
ground Boden
had fallen war gefallen

said we should bury her in the garden, and then tell everybody she'd disappeared. So that's what we did!"
"She's **underneath** your flowerbeds?", flüsterte Mrs Fitzgerald entgeistert.
Mr Owens nickte. "Yes. I built a nice **coffin** for her and we buried her in the night. Dylan only wanted to help me!", versuchte er seinen Sohn noch zu verteidigen. Dann fuhr er leise fort. "But soon it started!"
"What started?", erkundigte sich Hey Jay gespannt.
"The ghost!", murmelte Mr Owens jetzt kaum hörbar.
"The ghost?", echoten die Undercover Kids.
"Yes. There were often noises in the cellar, and my son **warned** me not to go down there because he thought it must be her ghost! And he kept saying **over and over again**: don't look in the cellar, it could be the death of you!"
"What a **load of rubbish**!", schimpfte Mrs Pritchard.
Mr Owens sah sie erstaunt an. "Well, I believed it!

---

underneath unter
coffin Sarg
warned hat gewarnt
over and over again immer wieder
load of Haufen
rubbish Unsinn

Maybe because I had such a bad **conscience**. I should have told the police immediately!"
"Do you know what Sergeant Pepper said? 'Don't look in the cellar, it could be the death of you!' And did you hear what we found in your cellar?", erkundigte sich Jola.
Gedankenversunken nickte Mr Owens. "Sergeant Pepper knew everything, I suppose. He's such a clever parrot! What did you find there instead of the ghost? Jewellery? Money? Stolen goods, that's what I heard that boy say", antwortete er leise mit Blick auf Hey Jay. Aber dann schaute er wieder zu Jola. "Sergeant Pepper liked you. You made him talk. You must be a good girl!" Und zum ersten Mal sahen sie Mr Owens lächeln. Ein verstohlenes, kleines Lächeln. "And he even talked to *me* for the first time today! It's all because of you. And you know what? Even though all that's happened has been really horrible, the good thing is that it's finally come to an end! It's all over now!"
Mrs Fitzgerald reichte Mr Owens noch eine Tasse Tee. Mrs Pritchard räusperte sich.
"What do you think, Mr Owens: is it a problem for you to sleep in your house now? If you'd like to, you can stay at my house for the rest of the night."
Mr Owens schaute sie überrascht an. Dann schüttelte

---

conscience Gewissen

er den Kopf. "No, I'll stay in my house, thank you. I have to call the police. And I want to go into that cellar and see what my son has been hiding there all those years. I'm getting **curious**." Er machte große Augen. "And the first thing I have to do tomorrow morning is **organize** the **funeral**. Would you all come to the funeral?" Er schaute fragend in die Runde.

Alle nickten. "Certainly, Mr Owens, of course we'll come!"

Dann schlug er plötzlich mit Wucht auf den Tisch, sodass alle zusammenfuhren. "And then I can sell the house! Finally! I need to find a new place to live with Sergeant Pepper. Now I can go wherever I want, and my son can't stop me any more."

"You didn't like living in your house?", wunderte sich Granny, die neben ihm saß und ihn mit Keksen versorgte.

"Oh no! It was like living in a **graveyard**!", rief er entsetzt aus. "I just needed to stay and take care of my wife's **grave**. My son didn't want me to leave either." Dann fügte er düster hinzu: "Now I know why!"

---

curious neugierig
organize organisieren
funeral Beerdigung
graveyard Friedhof
grave Grab

"So what do you want to do?", fragte Ali.
Mr Owens zögerte. "Well, I think I'd like to move to the countryside. The problem is that I need a job."
Patsy schaute zu Hey Jay, dann erhaschten sie den Blick von Ali, der grinste zurück und Lina kicherte auch schon, aber Jola war es, die als Erste aussprach, was alle dachten: "Would you like to take care of some sheep?"
Alle hielten den Atem an. Mr Owens schaute Jola fragend an. Jola wagte nicht, mehr zu sagen, denn sie wusste ja nicht, wie Granny ihre Idee fand, aber ...
Schließlich nickte Mr Owens zögernd. "Well, I love animals, and I need to do something again. I haven't worked or done anything **meaningful** for more than ten years now. It would be lovely to become a **shepherd**! But how can I?"
Granny saß da mit verschränkten Armen und schaute von einem der Kinder zum nächsten. Langsam, ganz langsam breitete sich auf ihrem Gesicht ein Lächeln aus. Und dann kullerten Tränen ihre Wangen hinunter. Tränen der Freude waren das! "Well, Mr Owens", sagte sie, "you've got the job already."

Noch in der Nacht fuhr die Polizei vor. Im Keller bei Mr Owens wurde die Beute von vielen verschiede-

---

meaningful Sinnvolles
shepherd Schäfer

nen Überfällen gefunden. Auch die Juwelen aus dem Raub in London. Dylan Owens hatte mit den beiden Männern zusammengearbeitet und ihnen für diesen Job sein Auto geliehen. Man nahm Dylan Owens fest.
Mr Owens hatte am Morgen auch gleich ein Bestattungsunternehmen bestellt. Aber die Beerdigung auf einem Friedhof nahe bei Grannys Farm musste noch einige Wochen warten, bis die Ermittlungen der Kriminalpolizei abgeschlossen waren. Mr Owens wurde an diesem Tag noch eingehend von der Polizei verhört. Da aber sein Sohn reumütig bestätigte, dass der Tod von Mrs Owens ein Unfall gewesen war, kehrte er schon gegen Mittag wieder nach Hause zurück.
Für diesen Tag war ein riesiges Essen angesagt, ein Essen mit *chocolate eclairs* und ***apple pies*** und ***rice pudding*** und *jam doughnuts.*
Als Mr Owens das Haus der Fitzgeralds betrat, sog er den Duft aus der Küche tief ein und seufzte. "Just like in the old days when my wife cooked for me!" Und sie aßen alle, bis sie nicht mehr konnten.
Dann klingelte es. Mrs Fitzgerald sprang auf. "That must be Angelika and Peter. They finally arrived!" Aber als sie die Tür öffnete, stand da neben Angelika

---

apple pies Apfelkuchen
rice pudding Reispudding

und Peter auch der Kommissar aus Monmouth. Sie waren zufällig zur selben Zeit angekommen.
Angelika und Peter staunten verständnislos über seine Ansprache an Granny und die Undercover Kids: "Thanks a lot for your help. You're going to get a big **reward**. You'll be quite rich from now on."

Granny und die Undercover Kids bekamen tatsächlich sehr viel Geld als Belohnung, unter anderem von dem Londoner Juwelier. Von nun an konnten Patsy, Ali, Lina und Jola nach Wales fliegen, sooft sie Lust dazu hatten, und auch Hey Jay war in der Lage, jederzeit seine Bande in Deutschland zu besuchen.
Aber der größte Teil der Belohnung wurde für etwas

---

reward Belohnung

anderes investiert: Granny baute mit der Unterstützung von Mr Owens ihre Farm zu einer kleinen Pension aus. Sie fertigten einen riesigen Spielplatz an und richteten ein Fußballfeld ein. Sergeant Pepper saß dabei immer auf einem Apfelbaum mit besonders sauren Äpfeln und kommentierte das Geschehen. Oder er hockte zu seinem großen Vergnügen auf dem Rücken von Busker, der ihn geduldig auf sich reiten ließ. Schließlich konnte Sergeant Pepper ja kaum fliegen, so sollte er doch wenigstens durch die Gegend traben.

Granny schaffte sich nach eingehender Beratung durch Lina verschiedene Tiere an und kaufte sogar fünf Ponys.

Granny und Mr Owens verstanden sich immer besser. Aus dem grantigen Mann wurde ein lebhafter Geschichtenerzähler und die Gäste der Pension liebten es, nachts mit den beiden Gastgebern an einem Feuer zu sitzen und walisischen Legenden zu lauschen.

Die kleine Pension war bereits nach kurzer Zeit ständig ausgebucht. Aber ein Zimmer blieb immer frei für ...

Patsy!

Hey Jay!

Jola!

Ali!

Lina!

DIE FANTASTISCHEN UNDERCOVER KIDS!

YVONNE HERGANE
The Missing Drum
Die verschwundene Trommel
Langenscheidt
ENGLISCH
KRIMIS FÜR KIDS
DEUTSCH
Love in Liverpool
Liebe in Liverpool
Langenscheidt
Girls in Love
Englisch | Deutsc
BERNHARD HAGEMANN
DARKLAND
DUNKELLAND
Langenscheidt
ENGLISCH
WORLD OF
FANTASY
DEUTSCH
BoyZone
MARTIN SELLE
END OF TIME ENDE DER ZEIT
Langenscheidt
BoyZone
EnglischDeuts